Rwanda et reconnaissance du génocide

Brice Poreau

Rwanda
et reconnaissance du génocide

L'Harmattan

5-7, rue de l'Ecole-Polytechnique, 75005 Paris

http://www.harmattan.fr
diffusion.harmattan@wanadoo.fr
harmattan1@wanadoo.fr

ISBN : 978-2-343-08668-2
EAN : 9782343086682

Sommaire

Avant-propos

J'ai entrepris cette étude il y a plus de dix ans. C'est une série d'articles (reportages) de Rémy Ourdan, publiés dans *le Monde* qui a été l'élément déclencheur. Je souhaite en dire ici quelques mots. Le reportage a été publié en cinq parties : Au pays des âmes mortes (*Le Monde* daté du 31 mars 1998), Les yeux fermés (*Le Monde* daté du 1er avril 1998), La guerre de l'ombre (*le Monde* daté du 2 avril 1998), La réconciliation impossible (*le Monde* daté du 3 avril 1998) et enfin, Un tribunal loin du Rwanda (*le Monde* daté du 4 avril 1998). Ces publications se trouvent dans la rubrique Horizons de l'époque, et se composent d'une photo (comme celle de Luc Delahaye prenant des réfugiés rwandais à Kibumba en mai 1994, agence Magnum), d'un extrait d'audition devant le TPIR, puis de l'article en lui-même comprenant des témoignages, un glossaire et une petite carte géographique. Cette série d'articles a été publiée durant la période où, en France, une mission d'information a été demandée par le gouvernement Jospin « sur les opérations militaires menées par la France, d'autres pays et l'ONU au Rwanda entre 1990 et 1994 ». Mission dont le président était Paul Quilès. Dans ce contexte, Rémy Ourdan réussit à rendre compte et à faire prendre conscience des événements s'étant produits quatre ans auparavant. Voici les premières lignes : « Une colline. Le silence. Des maisons de brique de terre, une végétation apprivoisée, des bosquets de bananiers, des champs de sorgho soigneusement cultivés...Une colline à première vue ordinaire. À Murambi, il y a eu des tueries, comme partout. »[1]. Description poignante tout au long des articles, Rémy Ourdan analyse aussi finement la situation. Il met, par exemple, déjà en exergue les difficultés rencontrées par le TPIR. Il met aussi en avant, cette « impossible réconciliation ». En 1998, il faut rappeler aussi que le conflit n'est pas terminé, des combats entre extrémistes et pouvoir en place ont encore lieu.

---

1 Rémy Ourdan, *Le Monde* daté du 31 mars 1998.

Et aujourd'hui, qu'en est-il de ce conflit interne au Rwanda ?
Chaque année, le Heidelberg Institute for international conflict research du département de sciences politiques de l'université d'Heidelberg (Allemagne) publie un baromètre des conflits. Dans cette synthèse annuelle, l'Institut donne une liste exhaustive des conflits par région géographique et par pays. Il donne pour chaque conflit une intensité allant de 1 (conflit latent) à 5 (guerre) et son évolution par rapport à l'année précédente.

Dans le rapport de 2008, voici ce que nous trouvons pour le Rwanda : Rwanda (divers groupes rebelles hutus) ; parties en présence : Interahamwe (milice hutue), ex-FAR (forces armées rwandaises, hutues), FDLR (forces démocratiques de libération du Rwanda, hutues) contre le gouvernement (dont l'actuel président est Paul Kagame) ; début du conflit : 1990 ; évolution : augmentation dans l'intensité ; intensité : 3 (crise définie comme l'une au moins des parties en présence usant de violences lors d'événements sporadiques). Mais nous trouvons aussi un conflit avec la France d'une intensité 2. En effet depuis le 27 novembre 2006, les relations diplomatiques entre les deux pays sont suspendues. Enfin, la synthèse fait état d'un conflit d'intensité 2 avec l'Ouganda depuis 2000. Hormis le conflit mentionné, uniquement pour des raisons diplomatiques, nous voyons que des tensions sont toujours actuellement présentes dans le pays, selon l'Institut d'Heidelberg[2].

Enfin, je veux reprendre ici cet éditorial du journal *Le Monde* daté du 31 mars 1998 qui s'intitule « Tout dire sur le Rwanda » : « Il ne faut pas oublier le Rwanda. Il ne faut pas oublier le génocide qui fit près d'un million de victimes, en premier lieu parce que les événements de 1994 ne cessent pas de hanter ce pays des âmes mortes. Il faut avoir en tête non seulement ce chiffre et ce printemps maudit, mais aussi les

2 Con*flict Barometer 2008*, Heidelberg Institute for International Conflict Research, 84 p.

souffrances que continue d'endurer ce pays et ses difficultés à sortir de l'infernale spirale de la mort. ».

Cet ouvrage se veut enfin un travail de mémoire, quinze ans après les faits, mais qui devra être poursuivi par les générations futures.
Le monde actuel se veut « international ». La « mondialisation », bien réelle, ne peut être qu'économique. Elle peut aussi être historique et juridique. L'humanité peut retrouver ici une Histoire commune. Dans cette Histoire commune, le génocide rwandais ne doit pas être oublié.

Introduction à la deuxième édition

Nous présentons la deuxième édition de l'ouvrage publié pour la première fois en 2011. Plus de vingt ans après le génocide rwandais, les éléments présentés dans cet ouvrage restent d'autant plus actuels pour tenter de comprendre, au tout au moins, avoir quelques clés pour s'engager dans des pistes de réflexion qui ne sont pas biaisées.

Le Rwanda a changé depuis 2011. Les Gacaca, juridictions locales permettant de juger les génocidaires[3], ont pris fin. La réconciliation est proclamée, en particulier lors des commémorations du cinquantenaire de l'indépendance du Rwanda[4]. Mais qu'en est-il exactement ? Le pays est en pleine expansion économique. Par ailleurs, la démographie est importante. Pour autant, le génocide est toujours bien présent. Chaque année, les commémorations qui débutent en avril permettent le travail de mémoire. Elles permettent de transmettre aux générations futures les preuves du génocide et ainsi de lutter contre le négationnisme et d'affirmer le travail de reconnaissance du génocide.

L'hypothèse en partie développée dans cet ouvrage porte sur le concept central de reconnaissance du génocide défini comme le processus perpétuel de l'interprétation des faits. Nous reviendrons dans la suite de l'ouvrage sur cette définition. Autour de ce concept central, c'est en amont le rôle de l'Etat et des libertés individuelles qui est questionné. En aval du concept de reconnaissance du génocide, c'est la reconstruction du pays d'une part et la prévention du génocide d'autre part qui sont mis en avant.

Le concept central étudié ici, de reconnaissance du génocide, est très riche et fait appel à des sources très variées allant de l'histoire, l'anthropologie, la sociologie à la philosophie et aux sciences juridiques. L'ambition principale de

---

3 DUMAS Hélène, 2014, *Le génocide au village. Le massacre des Tutsi au Rwanda*, Seuil, Paris.

4 POREAU Brice, 2012, *Rwanda : une ère nouvelle. Comprendre le travail de reconnaissance*, L'Harmattan, Paris.

cet ouvrage est de présenter cette nécessaire multidisciplinarité. Les seuls éléments historiques, sans vision anthropologique et sociologique peuvent biaiser les interprétations des faits. De même, l'approche philosophique est nécessaire pour tenter d'exploiter le concept de reconnaissance, de lui rendre une utilité immédiate. Nous en avons cité deux : la reconstruction du pays et la prévention du génocide. Comment en effet le Rwanda peut-il se reconstruire sans un travail consciencieux sur les faits qui ont eu lieu d'avril à juillet 1994 en particulier ? Et comment prévenir le génocide si la reconnaissance n'a pas eu lieu ?

La multidisciplinarité est véritablement primordiale. Le génocide rwandais n'est pas le produit pur et simple d'un combat de deux ethnies qui s'affronteraient depuis plusieurs décennies. Par exemple, il est évident que la colonisation a eu un rôle dans la vision « raciale » qui a pu être développée. Comme le notent récemment Jean-Pierre Chrétien et Marcel Kabanda : « Fascinée par la simplicité apparente des perceptions de physionomies et des étiquetages qu'on en déduit (pour les hommes comme pour les plantes ou les insectes), la vision de ces « autres » par l'Europe a été frappée durablement d'une réification qui réduit à des éléments intangibles les situations vécues, faites de rencontres, d'échanges, de chevauchements, c'est-à-dire le tissu même de l'histoire, ses continuités, ses ruptures et son imprévisibilité. Le succès de ce miroir trompeur va s'avérer particulièrement tragique dans le cas de l'Afrique des Grands Lacs[5] ».

Le Rwanda, pays des mille collines, a une situation géographique bien particulière. Situé en dessous de l'équateur, ce petit pays magnifique est proche de la région dite des Grands lacs. C'est une richesse naturelle luxuriante que l'on peut découvrir selon les saisons. Mais c'est également une situation géopolitique complexe. Cette complexité ne peut donc être réduite à une dichotomie ethnique, comme les pays colonisateurs l'ont plus que largement laissé entendre et même répandu. Dans l'ouvrage que nous proposons, c'est donc tout

5 CHRETIEN Jean-Pierre, KABANDA Marcel, 2013, *Rwanda. Racisme et génocide*, Belin, Paris, p. 37.

d'abord une vision multidisciplinaire qui transparaît. Cette vision est absolument nécessaire pour permettre d'analyser avec esprit critique, sans négationnisme, le génocide de 1994 et ses conséquences.

Le deuxième point important porte justement sur les conséquences. L'enjeu le plus direct est la reconstruction du pays. Certes, celui-ci est en pleine expansion économique. Mais la réconciliation, même si elle a été proclamée, a-t-elle bien eu lieu ? Comment les générations actuelles peuvent-elles vivre ensemble, entre victimes du génocide, entre descendants de victimes et entre bourreaux et descendants de bourreaux ? L'économie est certes un enjeu primordial, mais qu'en est-il de la santé publique, qu'en est-il de l'éducation au Rwanda ? De nombreuses réformes semblent nécessaires dans le cadre de la reconstruction du pays. Si l'enjeu le plus direct est celui de la reconstruction, c'est-à-dire l'avenir du pays, un autre enjeu dépasse les frontières du Rwanda. Il s'agit de la prévention du génocide. Le génocide est un crime qui nie l'humanité. Le génocide est un crime qui touche tout être humain. C'est pour cela que le concept de reconnaissance du génocide que nous définissons constitue une catégorie à part. C'est pour cela également que la pensée philosophique sur laquelle s'appuie ce concept doit être humaniste.

Nous avons utilisé les travaux d'Axel Honneth sur la reconnaissance. Ses travaux s'appuient sur Hegel et sur une théorie de la justice en aval. En amont, cela suppose une possibilité des libertés individuelles. « La majeure partie de nos libertés individuelles, qui ont incarné une idée contemporaine de la justice sociale, nous ne la devons pas à des habilitations juridiques garanties par l'Etat, mais à l'existence de tout un entrelacs difficilement démêlable de pratiques routinières et d'us et coutumes éprouvés de très longue date, qui, souvent, ne sont que faiblement institutionnalisés, et qui nous permettent de faire l'expérience d'une confirmation sociale ou d'une libre expression de notre moi[6] ». Il en déduit également la nécessité de se fonder sur une théorie de la justice. Pour cela, il est donc

6 HONNETH Axel, 2015, *Le droit de la liberté. Esquisse d'une éthicité démocratique*, Gallimard, Paris, p. 109.

nécessaire de garantir les libertés individuelles. D'un point de vue philosophique, il faut ainsi trouver un cadre qui permet de comprendre la liberté dans un contexte aussi difficile que celui du génocide et de la période post-génocide pour permettre la reconnaissance du génocide. L'existentialisme est le cadre que nous utilisons pour comprendre le concept de reconnaissance du génocide et son application. Il s'agit d'une philosophie développée par Jean-Paul Sartre (1905-1980) à partir des années 1930, qui a eu un retentissement majeur à l'issue de la Seconde Guerre mondiale. L'intérêt de cette philosophie réside dans le concept de liberté qui est central au sein de celle-ci. Elle s'adapte également à l'individu. C'est cette singularité que note Iris Murdoch, philosophe contemporaine de Sartre[7]. Cette philosophie émane d'un contexte international complexe, à l'instar du génocide rwandais en 1994. Il s'agit de la Shoah, puis de la guerre froide. Sans entrer dans une étude parallèle des deux contextes, cette philosophie est adaptée à la nécessité de la liberté pour permettre la reconnaissance du génocide, telle que nous la définissons : *processus perpétuel de l'interprétation des faits*.

Nous donnons ainsi le contexte global de la situation sur les plans historique, anthropologique, philosophique, juridique, mais il s'agit bien d'êtres humains, d'individus qui ont été victimes du génocide. Ainsi, le caractère macroscopique de l'étude doit s'accorder à une vision microscopique c'est-à-dire non plus à l'échelle de l'humanité, mais à l'échelle de l'individu. Les études historiques actuelles, vingt ans après les faits, s'appuient sur différentes échelles : « Les « jeux d'échelles » se multiplient dans les pages qui suivent : partant du « macro » de la commune avec une description du rôle de l'armée dans les tueries, puis en resserrant l'analyse sur les comportements des hommes et des femmes « influents » d'un secteur (Kanyinya), avant de rétrécir l'observation à une cellule (Nyarurama) où le projet du génocide est exécuté par des voisins contre leurs voisins[8]».

7 MURDOCH Iris, [1953], 2014, *Sartre. Un rationaliste romantique*, Payot, Paris, p. 161.

8 DUMAS Hélène, 2014, *Le génocide au village. Le massacre des Tutsi au Rwanda*, Seuil, Paris, p. 32.

Au final, cet ouvrage veut mettre sur le devant de la scène un sujet très complexe, qui touche tout un chacun : le génocide. Les aspects historique, philosophique et juridique sont autant d'éléments pour permettre d'aborder un sujet difficile. Difficile car il implique aussi la France. Difficile car il interroge sur la vision occidentale du monde durant le dix-neuvième et le vingtième siècles. Difficile car les images que l'on peut avoir des rescapés, des témoignages de l'époque, sont insoutenables. Difficile car il montre le visage le plus sombre de l'humanité. Difficile, certes, mais fondamental, absolument fondamental. La reconnaissance du génocide est une nécessité pour l'humanité. La reconnaissance du génocide est un acte de liberté de tout être. C'est aussi l'un des messages de cet ouvrage.

Introduction

« Mais aucun des auteurs classiques (à la grande exception de Hegel, naturellement, devenu sous cet angle un précurseur solitaire) n'a fait du principe de la reconnaissance, en tant que telle, la pierre d'angle d'une éthique; quelle que soit la portée indirecte qu'on lui a donnée ici et là, le concept est toujours resté dans l'ombre d'autres définitions, considérées comme plus fondamentales. »[9]. La théorie de la reconnaissance développée notamment par Axel Honneth a pour but l'utilisation du concept de « reconnaissance » dans la philosophie morale actuelle.

En effet, si la « reconnaissance » est employée dans de nombreux domaines sociaux comme revendication, le concept reste hétérogène quant à sa définition. Cette pluralité des acceptions possibles pose la question d'une théorie « unificatrice » de la reconnaissance. « (…) le concept de « reconnaissance » n'est fixé en aucune manière, ni dans la langue quotidienne, ni dans son acception philosophique; de nos jours, ceux qui veulent étayer l'idée d'une éthique féminine utilisent ainsi ce concept pour caractériser cette forme d'attention et de bienveillance empreintes d'amour dont le rapport de la mère à l'enfant fournit le modèle concret (…) ; dans le contexte de l'éthique de la discussion, en revanche, la « reconnaissance » doit désigner ce type de respect mutuel portant à la fois sur la singularité et sur l'égalité de toutes les autres personnes (…) ; enfin, ceux qui tentent de développer le communautarisme utilisent aujourd'hui la catégorie de « reconnaissance » pour caractériser les formes d'estime accordée à des modes de vie étrangers (…). »[10].

La définition est donc l'un des buts que nous nous posons à travers nos recherches.

---

9 HONNETH Axel, 1996, reconnaissance, In : CANTO-SPERBER Monique, sous la direction de, 1996, *Dictionnaire d'éthique et de philosophie morale,* PUF, Paris, p. 1272.

10 *Ibidem,* p. 1272-1273, *passim.*

Mais l'application d'une théorie à vocation philosophique morale et éthique est d'autant plus fondamentale que cette théorie sera correctement évoquée.
Si Axel Honneth mentionne de nombreux emplois d'une théorie de la reconnaissance, ceux-ci sont essentiellement ciblés dans le domaine social.

Le but, après avoir déterminé et évalué la théorie de Honneth, est d'élaborer une extension de la théorie de la reconnaissance au domaine de la justice internationale, et en particulier, dans le domaine du jugement pour génocide. L'exemple du Rwanda sera donc mis en exergue dans cette tentative d'extension.

Les motivations de cet exemple sont nombreuses. Tout d'abord, si la reconnaissance d'*autrui* est nécessaire, et il faudra définir sous quelle forme, sa négation est alors à l'origine de la déshumanisation. Le vingtième siècle, sur le plan historique, restera avant tout comme le siècle des génocides. Le Rwanda, dont les événements ont eu lieu en 1994, est encore d'actualité brûlante, le Tribunal international pénal pour le Rwanda (noté TPIR dans la suite de l'ouvrage) étant encore en 2010-2011 en activité. Une théorie de la reconnaissance pourrait donc apporter un éclairage sur une justice internationale d'un crime exceptionnel qui doit être étudié et qui est encore en cours, même si les travaux d'achèvement du TPIR ont été donnés pour 2010. La littérature actuelle sur les travaux et jugements du TPIR reste quasi inexistante. Il s'agit donc de combler un vide dans ce domaine. L'ensemble des questions soulevées par un génocide, comme le fut la Shoah, doit être aussi soulevé pour le cas du Rwanda, sur le plan historique : les travaux du TPIR peuvent-ils être un élément historique à part entière ? La justice internationale permet-elle et a-t-elle permis un développement moral, mais aussi éthique de la reconstruction de la population rwandaise actuelle ? La justice internationale permet-elle une mémoire humaine collective dont le but est le « plus jamais ça »?

La question du Rwanda peut et doit être traitée beaucoup plus en avant sur ces domaines de l'Histoire, de la Mémoire, de l'Ethique, de la Morale et de la Justice. S'agissant du crime contre l'humanité le plus terrible que l'homme lui-même puisse accomplir, le simple fait d'appartenir à cette humanité peut et doit susciter l'indignation et la réflexion. Non seulement les victimes et familles de victimes du génocide restent l'empreinte de cette mémoire, mais ce n'est qu'en élaborant une réflexion commune, quel que soit le lien direct, indirect ou apparemment inexistant avec les faits, que cette mémoire pourra perdurer. Il existe un lien qui nous unit tous à un génocide, et c'est l'Humanité. C'est ce que nous souhaitons mettre en exergue dans l'exposé qui va suivre.

Fort de ces éléments introductifs sur le choix de l'exemple du génocide rwandais, il faut néanmoins trouver quelle peut être la place de la reconnaissance dans cet exemple. L'Histoire, la Morale, l'Ethique, la Justice, la Mémoire ont été rapidement citées, mais qu'est-ce que la reconnaissance peut apporter à ces termes qu'il faudra aussi définir ?
« Dès lors, on fut tenté de généraliser et d'affirmer que la qualité morale des rapports sociaux ne peut pas être seulement mesurée à l'aune de la répartition juste ou injuste des biens matériels ; notre idée de la justice doit aussi intégrer, de manière tout à fait essentielle, nos conceptions sur la manière dont les sujets se reconnaissent les uns les autres, et sur l'identité qu'ils se reconnaissent mutuellement. »[11]. La relation entre justice, identité, reconnaissance sera à préciser, mais nous imaginons de façon intuitive l'existence de ces rapports dans l'exemple du génocide rwandais, où, de façon trop simplificatrice, était fait part d'un génocide de Tutsi par les Hutu. La question des rapports entre ethnies, entre relations d'individualités, est effectivement au cœur du génocide.

La question de l'exemple rwandais ne sera pas traitée du point de vue uniquement philosophique. Les points juridique (avec la mise en place du TPIR, son rôle, son action passée et

---

11 *Ibid.*

actuelle) et historique (voire anthropologique) seront aussi soumis à l'éclairage de l'extension de la théorie de la reconnaissance. En effet, notre but est non seulement d'étendre cette théorie, mais de garder le point de vue critique nécessaire à cette entreprise.

« En amont de la réflexion éthique, il faut rappeler l'importance de l'exigence critique. Elle est la condition de la clarté de la vision, de la recherche des raisons, de la saisie de la pluralité et de la visée d'objectivité. Elle s'exprime principalement par la capacité de distanciation et par l'attention à la pluralité des points de vue. Une des vertus intellectuelles les plus fondamentales requise aujourd'hui est la capacité de construire une attitude de critique forte et féconde. Attitude de critique à l'égard du donné brut, non encore soumis au travail de l'analyse, critique à l'égard des arguments justifiés, critique à l'égard du point de vue unique. L'exercice d'une telle activité critique suppose la possibilité de se détacher des travestissements et faux-semblants de la réalité et de voir clairement ce qu'elle est, l'énergie de résister aux dogmatismes ou aux autorités sans raison, elle suppose aussi la ressource mentale d'adopter un autre point de vue, de se placer dans un contexte différent, de changer de perspective d'étude. »[12].

Cet esprit critique est en effet fondamental en vue de traiter un tel sujet liant concept philosophique et génocide. Il s'agit donc d'élaborer les fondements d'une extension critique de la théorie de la reconnaissance, en analysant, développant, critiquant des travaux, en particulier ceux d'Axel Honneth, mais aussi les travaux philosophiques sur la justice internationale et sur la Mémoire.

Cet ouvrage se veut une étude universitaire dont l'élément central est le génocide rwandais ayant eu lieu au printemps 1994. De nombreux ouvrages ont déjà abordé le sujet. Mais celui-ci entreprend une étude triptyque : anthropologique/historique, juridique et une approche philosophique. Nous allons étudier le génocide défini comme « crime contre l'humanité ». De cette simple définition (nous

12 CANTO-SPERBER Monique, 2001, *L'inquiétude morale et la vie humaine,* PUF, Paris, p. 128.

verrons ultérieurement la définition prise en compte par le Tribunal pénal international pour le Rwanda), trois sens découlent, c'est le triptyque que nous avons abordé plus haut.

Tout d'abord, le génocide rwandais, quinze ans après les faits, est un élément historique, au sens où il doit être abordé dans les livres d'histoire. Et l'étude historique que nous entreprendrons remontera à la naissance du Rwanda. Mais c'est aussi un élément juridique très important : le génocide vu comme crime. Si bien qu'un acte important en a découlé : le Tribunal pénal international pour le Rwanda (TPIR), basé à Arusha (Tanzanie). Le droit international pénal est issu de ces évènements terribles du vingtième siècle : de la Shoah au génocide rwandais. Le TPIR produit une jurisprudence impressionnante, son mandat doit se terminer d'ici 2010 (résolution 1503 du Conseil de sécurité de l'ONU pour la stratégie d'achèvement des travaux du tribunal). À ce jour, très peu d'ouvrages en langue française étudient le droit international pénal, et encore moins le cas du TPIR. Nous essaierons ici d'entreprendre une étude juridique non exhaustive, utilisant essentiellement la jurisprudence du TPIR.

Enfin, le génocide, acte « historique », crime dit « contre l'humanité ». Il nous semblait primordial dans cette étude de ne pas occulter « l'humanité » dans un génocide. En effet, c'est bien parce que ce crime touche l'homme dans son essence qu'il appartient à tous d'y joindre une mémoire et de pouvoir étudier un génocide. « Tout être qui a vécu l'aventure humaine est moi » écrit Marguerite Yourcenar dans les *Mémoires d'Hadrien*. C'est cette idée que nous avancerons pour justifier l'écriture de cet ouvrage. Les témoignages des survivants seront alors très importants. Quinze ans après, le « pardon » peut-il advenir ? Comment se passe le retour dans certains villages des bourreaux de Tutsis ou Hutus restés au Rwanda ? Cette approche sera donc philosophique. Nous souhaitons aborder une théorie du pardon, dénuée de son sens purement religieux comme il a été abordé jusqu'à aujourd'hui.
Plus qu'un système purement additionnel entre ces éléments, l'histoire, le juridique et le philosophique, il apparaît judicieux de pouvoir les confronter. La jurisprudence du TPIR peut-elle être prise comme un élément historique ? La justice rendue au

TPIR peut-elle amener au pardon ou dans une moindre mesure à une réconciliation des générations futures ? S'il semble possible de dire dès à présent, que le travail du TPIR n'est pas la réponse clé à toutes les questions que se posent les victimes du génocide, et qu'en aucun cas, il ne permettra d'éviter les génocides futurs, il reste, à ce jour, une véritable mine d'informations disponible, pour toute personne s'intéressant au sujet, et mérite d'être, à ce titre, étudié.

Cet ouvrage n'abordera pas l'aspect politique ni les relations internationales lors du génocide (Minuar : mission des Nations Unies d'assistance au Rwanda, ou opération Turquoise). Nous utiliserons cependant le rapport Quilès de 1998 qui donne des éléments intéressants. Les aspects stratégique, opératif ou tactique lors du génocide ne seront pas non plus étudiés.

L'objectif est donc triple, et suit les trois domaines que nous allons voir.

Tout d'abord, montrer que le génocide rwandais du printemps 1994 a aujourd'hui une place dans l'Histoire. Il nous paraît inconcevable de traiter l'histoire du XXème siècle sans même mentionner le génocide.

Ensuite, analyser l'enjeu philosophique du crime de génocide et des crimes contre l'humanité en utilisant la théorie de la reconnaissance de Honneth.

Enfin, évaluer le système juridique (qui peut donc être perçu comme une application d'une extension de la théorie de la reconnaissance au génocide) avec deux exemples de jurisprudence du TPIR.

En vue de réaliser ces objectifs, des théories parfois divergentes seront exposées : par exemple entre Bernard Lugan et Jean-Pierre Chrétien sur l'histoire du Rwanda. Ou encore le débat entre Jacques Derrida et Edgar Morin sur le thème du pardon. Mais ces débats contradictoires nous permettront de pointer les réelles difficultés des objectifs que nous nous sommes fixés et d'essayer de les dépasser.

Enfin, cette étude, bien qu'universitaire, devra apporter une vision sinon nouvelle, au moins personnelle sur les sujets abordés. Elle devra aussi montrer la dimension humaine par les témoignages. La jurisprudence du TPIR est relativement exhaustive dans ce domaine, mais d'autres sources sont aussi d'excellentes « preuves » : Jean Hatzfeld, journaliste et écrivain, a effectué un travail très intéressant.

1
Approche historique et anthropologique

1.1 Les sources bibliographiques et l'objectif

Le but est de rendre au génocide rwandais sa place dans l'Histoire. Les approches historiques, anthropologiques et ethnologiques sont ainsi sollicitées. Des débats entre spécialistes vont apparaître, nous les évoquerons. Il s'agit par exemple de la théorie de l'ethnisme (néologisme objectif) consistant à appréhender le génocide de 1994 comme la résultante de conflits originels entre les ethnies tutsies et hutues.

Afin de poursuivre ce but, il faut essayer de revenir aux origines du Rwanda. Mais il faut aussi utiliser tous les outils actuellement à notre disposition. L'étude de la langue, le kinyarwanda, l'étude des contes traditionnels mais aussi de la poésie guerrière, pastorale et dynastique nous donneront des éléments précieux. Langue et contes font partie de la tradition orale des royaumes d'antan du Rwanda. Les mythes et légendes que cette tradition véhicule seront étudiés par l'approche anthropologique.

Ainsi, nous reprendrons comme source les fondateurs de l'anthropologie et de l'ethnologie. À ce titre, Sir James George Frazer, dont les ouvrages peuvent être controversés, est un pionnier dans ce domaine[13]. *Le Rameau d'or* qu'il publie entre 1911 et 1915 en Grande Bretagne et dont il a commencé l'écriture en 1880 est son œuvre majeure. Nous aurons aussi pour source bibliographique les grands ethnologues français du vingtième siècle que sont Claude Lévi-Strauss et Georges Balandier.

Sur le plan purement historique, les études de Jean Pierre Chrétien, mais aussi de Bernard Lugan seront analysées.

Nous utiliserons aussi des revues telles que les *Cahiers d'études africaines*, *Les temps modernes* (dont le premier directeur a été

---

13 FRAZER James George, 1998, *Le rameau d'or*, Robert Laffont, Paris, réédition, 1 vol.

Jean Paul Sartre), *La revue d'histoire de la Shoah*. Nous mettrons en exergue des revues et travaux liés à l'université de Butare au Rwanda, ainsi qu'au Musée royal de l'Afrique centrale (basée à Tervuren en Belgique, ancien pays colonisateur du Rwanda).
Enfin, la source journalistique sera aussi importante dans notre travail, que ce soit des articles publiés dans divers quotidiens ou hebdomadaires, ainsi que des ouvrages publiés par des journalistes de terrain. L'ouvrage *Rwanda Histoire d'un génocide* de Colette Braeckman sera abordé[14].

« L'éternel retour est une idée mystérieuse […] Cela changera-t-il quelque chose à la guerre entre deux royaumes africains du XIVe siècle si elle se répète un nombre incalculable de fois dans l'éternel retour ? Oui : elle deviendra un bloc qui se dresse et perdure, et sa stupidité sera sans rémission. »[15]. Kundera pensait-il alors au Rwanda ? Peut-on réduire l'histoire du Rwanda au génocide ? Doit-on interpréter le génocide uniquement comme le paroxysme de violences séculaires ? Le génocide est-il une singularité de l'Histoire ou une finalité de celle-ci ?
Nous allons étudier cette histoire avec les sources bibliographiques précitées.

---

14 BRAECKMANN Colette, 1994, *Rwanda histoire d'un génocide*, Fayard, Paris, 1 vol.

15 KUNDERA Milan, 2009, *L'insoutenable légèreté de l'être*, Gallimard, Paris, p. 13.

1.2 Chants de cour et chants populaires

1.2.1 Trivialiser l'histoire

Médard Ntamaganya a enregistré un Compact Disc[16] sur lequel il reprend des chants de cour à l'inanga et des chants populaires. Chants de cour car jusqu'à la colonisation, le Rwanda était un royaume qui connut plusieurs dynasties. Les chants reprenaient des éloges au roi, comme Impuga (Le colosse), pour le roi Mutara Rwogera. Quant à l'inanga, il s'agit d'une très grande cithare (des exemples peuvent être vus au Musée royal de Tervuren en Belgique). Figurent aussi des chants populaires, comme Ngela, chant donnant des conseils à une jeune femme.

Pourquoi commencer ce chapitre sur l'approche anthropologique et historique par les chants ? La musique a cela d'exceptionnel, qu'elle véhicule à la fois une tradition (donc sensée exclure le profane, le non initié), mais aussi une émotion, qui elle, est universelle. Cette émotion ne ment pas. En écoutant ces chants, on ressent si le discours est vrai ou faux, si la sensibilité est contrôlée ou au contraire, libérée. Car la difficulté de ce chapitre, dans l'approche historique, est de ne pas délivrer une histoire « officielle », une sorte de consensus beaucoup plus idéologique que faisant réellement appel aux sciences humaines. Or, cela est loin d'être évident. Le musicien Ntamaganya est twa. Les Twa sont communément appelés les Pygmées. Dans le petit livret accompagnant le CD musical, on trouve, résumée en quelques pages, une histoire du Rwanda, puis un paragraphe sur les Twa au Rwanda aujourd'hui. Il mentionne à la fin ce travail de J. Lewis et J. Knight : *Rapport d'évaluation de la situation des Twa et pour la promotion des droits des Twa dans le Rwanda d'après-guerre*. Ce rapport présente la situation des Twa au Rwanda après 1994 et dénonce la discrimination flagrante de cette minorité. Les Twa représentent 0,2% à 0,4% de la population selon le rapport[17].

16 NTAMAGANYA M., 1997, *Chants de cour à l'inanga et chants populaires*, Maison des cultures du monde, CD.

17 LEWIS J., KNIGHT J.,1996, *Rapport d'évaluation de la situation des*

L'objet n'est pas ici de remettre en question, de nier, ni même de vérifier l'existence de discriminations envers les Twa, mais de noter la description qui est donnée des relations Twa, Hutu, Tutsi : il s'agit d'une citation d'un homme Twa de 48 ans de Kigali (capitale du Rwanda) : « Nos ancêtres [les Twa] ont été les premiers à occuper ce territoire quand il était totalement couvert de forêt (…). Leur bonheur et leur plaisir de vivre, l'adéquation de leur mode de vie et de leurs ressources dans l'environnement ont été bouleversés par les laboureurs (Hutu) qui sont venus en second.(...) Ils envahirent la forêt et nos ancêtres furent forcés de se déplacer, à chaque fois plus loin, pour fuir la machette et la houe. Quand les Hamites (Ba-Tutsi) sont arrivés ensuite avec leurs troupeaux, la forêt avait presque disparu et le pays était en train de devenir semi-aride (...) »[18]. Cette description d'une première ethnie des Twa (cueilleurs chasseurs) suivie de l'arrivée des Hutus (fonction agro-pastorale), puis enfin des Tutsis, est la plus souvent retenue. Voici donc l'Histoire du Rwanda résumée en quelques mots. C'est là la difficulté de l'Histoire du Rwanda. Il faut éviter cette trivialisation historique. Nous en démontrerons l'absurdité mais aussi les dangers de la tentation trop simplificatrice d'une histoire millénaire.
C'est pourquoi l'étude du chant est une bonne introduction, elle permet de ne pas trivialiser l'histoire et donne des points d'accroche concrets et véritables.

1.2.2 Impunga

Le colosse est un chant du style « d'apaisement » (style ibihozo), pour le roi Mutara Rwogera. Les paroles sont les suivantes : « Voici le Colosse, ô mère/ De grande allure/ qui se presse.../ Aux cris d'alarme/ Apporte le message/ A Nyagotoma (bis)/ Près de Gashonga. [...] ». Gashonga se situe au sud-ouest du Rwanda, Bukavu étant la grande ville la plus proche. Il y a tout d'abord une petite introduction instrumentale à l'inanga

---

Twa et pour la promotion des droits des Twa dans le Rwanda d'après-guerre, IWGIA, p. 21.

18 LEWIS J., KNIGHT J.,1996, *op.cit.*, p. 23.

avec une rythmique en 4/4, un tempo à 60 environ. L'auteur entame « Impunga » puis poursuit avec les paroles citées plus haut. L'inanga a un son relativement grave (clé de fa), faisant ressortir la voix du chanteur. Une rythmique récurrente, ainsi que les paroles donnent à ce chant un style véritablement « apaisant ».
Le roi auquel il est fait allusion a régné durant le XIXe siècle. Une liste dynastique peut être établie sur le royaume nyiginya (ancien Rwanda).
Que dire concrètement de cet exemple tiré d'une source ancienne orale traitant des royaumes du dix-neuvième siècle ?

1.2.3 Interprétation des sources orales

« (…) les sources orales sont évanescentes et de ce chef il convient de leur appliquer une critique appropriée avant de les utiliser.(...) Trop souvent les auteurs ont utilisé l'un ou autre énoncé oral de façon isolée sans se soucier de sa représentativité ou de sa valeur intrinsèque. C'est d'ailleurs la faiblesse principale des synthèses anciennes. »[19] .
« Les *Abrégés* de Kagame ne sont en grande partie que la précipitation par écrit de cette vision officielle (…) le royaume nyiginya n'est pas l'équivalent du Rwanda; une histoire des rois n'est pas l'histoire tout court, ni même une histoire politique complète; le royaume ne commence pas à une époque reculée mais est de création relativement récente (…) et la classe dirigeante du pays n'était ni plus intelligente, ni plus née pour diriger que d'autres classes. »[20].

Ces citations de Jan Vansina sont notre garde-fou. En effet, les sources orales sont très importantes dans l'étude du Rwanda ancien, elles doivent être mentionnées. Mais si leur valeur historique est indéniable, l'utilisation de ces sources amène quelques remarques. Non inscrit dans le marbre, un chant, par exemple, a pu évoluer. Son sens fondamental n'aura peut-être pas changé, mais la rythmique, une parole a pu changer. Cela est en fait la signature (vocale, rythmique ou

19 VANSINA Jan, 2001, *Le Rwanda ancien*, Karthala, Paris, p. 12.
20 VANSINA Jan, 2001, *op. cit.*, p. 13.

autre) du chanteur qui imprime sa marque. Mais pour l'historien, il est alors impossible de dater précisément les actes chantés. Il doit vérifier ses sources à l'aide d'un faisceau (convergent) d'indices, comme l'indique Vansina dans sa deuxième citation.

Si les chants, comme ceux de Ntamaganya, font partie de cette source orale, les contes et autres genres lyriques en sont aussi un élément essentiel. L'abbé Alexis Kagame a décrit notamment les poésies dynastiques. Son œuvre a eu un impact fort sur les théories historiques actuellement produites (voir par exemple en index le nombre de citations dans l'ouvrage de Bernard Lugan[21]). L'utilisation de ces sources, décryptées par A. Kagame, ne donne pas, cependant, toutes les clés de l'histoire du Rwanda. Les objections, les limites données par Vansina permettent en effet d'en prendre conscience. Un premier exemple concret : quels rois régnaient durant la dynastie nyiginya et à quelles dates précises ?
Voici la liste exhaustive établie par Vansina[22]: Ruganzu Bwimba (le premier), Cyirima Rugwe, Kigeri Mukobanya, Mibambwe Mutabazi, Yuhi Gahima, Ndahiro Cyamatare, Ruganzu Ndori, Mutara Semugeshi, Kigeri Nyamuheshera, Mibambwe Gisanura, Yuhi Mazimpaka, Karemera Rwaka, Cyirima Rujugira, Kigeri Ndabarasa, Mibambwe Sentabyo, Yuhi Gahindiro, Mutara Rwogera (que nous avons déjà mentionné), Kigeri Rwabugiri, Mibambwe Rutarindwa (non reconnu officiellement), Yuhi Musinga (jusqu'en 1931). Jean-Pierre Chrétien reprend cette même liste[23] (annexe des listes dynastiques), de même que Bernard Lugan[24](retranscrivant légèrement différemment, par exemple Ruganzu Ndoli au lieu de Ndori).

Quel roi est le premier de la dynastie nyiginya ? Pour Bernard Lugan : « C'est à partir de Ruganza I Bwimba que les *Ibitekerezo by Abami* (Histoire des rois) autorisent une étude

21 LUGAN Bernard, 1997, *Histoire du Rwanda*, Bartillat, 610 p.

22 VANSINA Jan, 2001, *op. cit.*, p. 20.

23 CHRETIEN Jean Pierre, 2003, *L'Afrique des grands lacs*, Flammarion, Paris, p. 375.

24 LUGAN Bernard, 1997, *Histoire du Rwanda*, Bartillat, p. 82 à 111.

historique de l'ancien Rwanda. Le règne de Ruganza I Bwimba permet de mettre en évidence non seulement la réalité d'un ensemble territorial dirigé par les Nyiginya, et dont la formation est très probablement antérieure à ce règne, mais encore sa volonté d'élargissement. »[25].

Mais Jan Vansina avance une théorie bien différente : « Le royaume nyiginya a été fondé par Ruganzu Ndori. Voilà une affirmation qui contredit tous les auteurs et la majorité des sources orales. Pourtant il en est bien ainsi, car les soi-disant rois de l'époque précédente sont purement imaginaires.(...) Le royaume nyiginya a été fondé par Ndori, quelque temps avant 1700 au XVIIe siècle. »[26] Pour Bernard Lugan, Ndoli a reconstitué la puissance du Rwanda. On voit qu'il y a un rôle majeur de ce roi dans l'histoire du Rwanda, mais sur l'origine même de la dynastie, les théories divergent. Quant à Jean Pierre Chrétien : « Le plus connu de ces anciens rois, un certain Ruganza Bwimba, aurait été tué au XVIe siècle, par un rival du Gisaka ». « Cette imagerie pieuse couvre mal une rupture dynastique : le nouveau fondateur sera le *mwami* Ruganza Ndori. »[27][le Gisaka se situe à l'est du Rwanda actuel, c'était un royaume ; l'image pieuse correspond selon les sources à l'arrivée d'un fils caché Ndori du roi précédent, cachant ainsi l'idée de rupture ; le *mwami* est le roi]. On retrouve l'idée d'un rôle majeur de Ndori, quant au roi fondateur, l'auteur est ici plus prudent. Cela est donc dû aux sources orales, dont l'interprétation a été produite principalement par un homme : l'abbé Alexis Kagame. Ses travaux ont été très souvent repris, et restent à ce jour, une source quasi unique. Il devient donc difficile de pouvoir vérifier les éléments donnés et de constituer un faisceau d'indices convergeant vers une théorie en particulier. Voilà pourquoi certains auteurs peuvent affirmer que Ruganzu Ndori était le véritable premier roi. Que peut-on dire sur Alexis Kagame, quels sont ses travaux ?

---

25 LUGAN Bernard, 1997,*op. cit.,* p. 82.
26 VANSINA Jan, 2001, *op. cit.,* p. 61.
27 CHRETIEN Jean Pierre, 2003, *op. cit.,* p. 134-135.

1.3 Les grands genres lyriques vus par l'abbé Kagame

1.3.1 L'abbé Kagame

Dans son introduction aux grands genres lyriques, l'abbé Kagame est présenté comme membre du Clergé indigène du Rwanda (Butare), Docteur en philosophie et Professeur à l'Université Nationale du Rwanda. Cette université se trouve donc à Butare, à 135 km environ au sud-ouest de Kigali, elle est, aujourd'hui encore, la plus renommée du pays. L'abbé Kagame est aussi membre de l'Académie Royale des sciences d'outre-mer (Bruxelles), chercheur associé de l'Institut pour la recherche scientifique en Afrique Centrale (IRSAC), membre de l'Institut international des civilisations différentes, membre de l'Institut international africain (Londres) et membre de l'Académie américaine en politique et sciences sociales. Il a publié ses ouvrages à partir de 1943 puis surtout dans les années 1950 et 1960. Voici comment Jean-Pierre Chrétien le présente : « Au Rwanda, l'abbé Alexis Kagame, protégé à la fois par les pères blancs qui l'avaient formé et le roi Mutara publie en 1943 (…) une première histoire dynastique (…) Devenu un idéologue de la monarchie tutsi dans les années 1950 (…) Kagame a imposé durablement une vision « hamitique » de l'histoire ancienne de son pays. Historien et source à la fois, il est arrivé à convaincre qu'il était aussi bien dans l'intimité des biru (…) que dans la lignée d'une historiographie médiévale classique(…). »[28]. Historien et source, comme le mentionne Jean-Pierre Chrétien, cet aspect pose un problème de distanciation face à l'évènement. Quelle est la part subjective de l'historien dans la description voulue objective des sources ?

1.3.2 La poésie guerrière et la poésie pastorale selon Kagame

Ce sont les deux premiers genres étudiés par Kagame dans son *Introduction aux grands genres lyriques*. Il décrit la poésie guerrière comme divisée en poésie lyrique et poésie

28 CHRETIEN Jean-Pierre , 2003, *op. cit.*, p. 21.

héroïque. Dans ce premier genre des poésies lyriques, il définit deux sous-catégories : un type de poèmes courts et un type de poèmes longs. Nous donnons ci-après un exemple de poème court, recueilli et traduit par l'abbé Kagame lui-même :

Le Perforateur des peltes,
piqueur des boucliers :
jc suis un virtuose de l'arc
Un Muhunde vint se balançant avec un bouclier :
je lui décochai une flèche et il tomba de tout son long
sans qu'il fût possible de le ranimer,
tel celui qu'aurait touché la foudre ;
Il y eut du remous parmi les porte-boucliers
et je me plantai seul au milieu du sentier,
tandis que les ennemis étaient en train de trier les craintifs.

Dans ce poème, les Muhunde, selon la note de Kagame, correspondent à une tribu du lac Kivu. Ce poème correspondrait au héros Rushenyi vers 1790.
S'il apparaît très difficile de pouvoir dater précisément ce texte, seule la vision de Kagame est mentionnée, il est intéressant de voir la répartition d'une armée entre porte-boucliers et archers. Cette fonction d'archer sera reprise dans la poésie dynastique que nous aborderons ultérieurement.

Face à ce genre de poésie, Kagame en vient ensuite à la poésie pastorale, qu'il nomme églogue. Ce terme est en général utilisé pour définir un genre de poème court chez les auteurs de l'Antiquité comme Virgile. Nous voyons dans cette approche que l'abbé Kagame analyse les textes qu'il a obtenus des aèdes avec une approche occidentale. Il définit ce type de poème comme consacré à la Vache à longues cornes. D'après ces textes, il décrit une hiérarchie dans l'élevage de la Vache : le plus haut étant le Roi, puis le chef de milice, puis un chef dépositaire de la méthode d'élevage, puis le pasteur et enfin les serviteurs du pasteur. Cette organisation ainsi décrite reflète-t-elle la réalité d'antan ? Comme nous l'avons vu, Kagame a fait un travail d'interprétation avec une vision néanmoins occidentale, et une approche religieuse, cette hiérarchie montre en tout cas une fonction économique et sociale de la Vache. Il

ne fait pas mention ici explicitement d'une division ethnique au niveau de cette hiérarchie.
Si le type pastoral donne un aperçu intéressant de l'organisation du royaume nyiginya d'une part et de la méthode d'interprétation de Kagame d'autre part, la poésie dynastique va nous offrir d'autres clés de compréhension.

1.3.3 La poésie dynastique selon les travaux de Kagame

Dans son ouvrage[29], Kagame définit le genre de la poésie dynastique comme le plus ancien des genres littéraires. Il l'appelle Igisigo, et expose deux significations possibles : laisser derrière soi (la tradition), ou composer un poème dynastique (écrire la tradition). Il écrit explicitement : « les morceaux les plus anciens que nous possédons remontent au règne de Ruganzu II Ndoli, qui vivait il y a quatorze générations. ».
Voilà qui est dit, les générations des rois précédant Ndori (ou Ndoli comme écrit chez Kagame) n'ont pas de poésies dynastiques propres.

Ensuite, comment a travaillé Kagame ? Il a récolté grâce aux aèdes un nombre de poésies complètes qu'il a enregistrées, il a (avant d'obtenir un appareil à enregistrement), noté les dictées de ces aèdes. Une liste de 218 poèmes est ainsi établie. La pertinence de ce travail provient du fait que les aèdes viennent eux-mêmes d'une même lignée au sein du village.
Il faut cependant noter que quelques poèmes sont fragmentaires. Il faut noter aussi l'âge des aèdes, certains ayant plus de 90 ans. Mais cela permet à Kagame de parler de « littérature orale », véritable tradition au Rwanda, et qui reste aujourd'hui comme la seule source traditionnelle exploitable. En effet, Kagame mentionne que « Tout poème est en soi invariable dans le texte qui vous est déclamé. Ceci est un principe général. »[30]. Dans une note liée à ce principe général, Kagame souligne que c'est parce que les Aèdes sont d'une lignée de fonctionnaires officiels que ces poésies sont « invariables » dans le texte. Puis il ajoute

29 KAGAME Alexis, 1969, *Introduction aux grands genres lyriques de l'ancien Rwanda,* Editions universitaires du Rwanda, Butare, 1 vol.
30 KAGAME Alexis, 1969, *op. cit.,* p. 154.

que « ce genre poétique est inaccessible à tout étranger » car ce genre comprend des figures de style qui nécessitent une compréhension particulièrement poussée de la langue rwandaise (le kinyarwanda).
Cette dernière objection a le mérite d'être réelle - l'apprentissage d'une langue demandant des années, il faut donc faire une étude très longue, surtout concernant des poésies ; de ce point de vue Alexis Kagame est donc le mieux placé. Si on peut voir dans cet argument une volonté de légitimité de la part de l'auteur, notre esprit critique ne devra pas pour autant se soumettre totalement à une interprétation stricte de Kagame.
Néanmoins, nous allons donner ci-après un exemple exhaustif d'une poésie, uniquement dans la traduction réalisée par Kagame, nous la reprendrons avec quelques notions de kinyarwanda. Il s'agit du Gisigo 175 (numérotation puis traduction de Kagame), composé pour le roi Mutara III.

Donne-moi audience, que je te fasse une confidence :
je n'ai pas tardé à cause de grandes possessions bovines,
je ne me suis délié de toi par l'abondance de lait :
j'ai été dépossédé (de vaches) par qui ne les avait pas données,
et cela me causa une peur instinctive de me montrer.
Ayant pensé au désagréable logement où je m'étais couché
ô logeur en voyage, du Munificent,
je me convainquis qu'il n'y avait pas pire logement ;
tel que je l'ai trouvé, fasse le ciel qu'il s'évanouisse à jamais.
Dieu est le seul à savoir se rappeler chaque chose,
Lui qui m'a protégé en un combat sans merci,
ô l'inattaquable, du raconteur,
de sorte que je me promène encore dans ce Rwanda.
Il y a des jeunes de cette époque-ci,
et les gens mûrs d'autrefois, plus âgés que moi,
la parole qu'ils n'ont pas vue, moi je la leur rappellerai :
j'ai constaté que Dieu ne recèle pas la trahison :
il m'a sauvé de la dernière extrémité.
J'en ai été tiré par le Dieu qui est mon prévoyant :
le Très puissant à Ruganda de Ruganzu!
Dès qu'il me ramena, alors je me rappellerai les « pose pots »
de l'affermisseur du tambour, du Miséricordieux,
lesquels il préparait à mon intention en son palais,
lorsque seul-à-seul, je lui disais une parole, il en jubilait.

Je croyais alors qu'il est Dieu lui seul,
tandis que les dieux sont deux,
lui étant en plus un être humain.
Vous savez aussi qu'Il sauve ceux qui sont acculés,
le distributeur aux hommes, du Munificent,
tel que je l'ai vu, il nous crée :
il crée tels hommes et enrichit tels autres,
la manière dont il se rappelle chaque chose, je l'en remercie.
Il vient de me faire parvenir même auprès du Roi
(souche) du Paré pour le tambour, du roi généreux,
je suis heureux qu'il m'a fait arriver auprès de lui.
Jamais le Très-Puissant n'ignore qui est le Roi ;
ô toi le marcheur, le (Dieu) qui te donna le nom, te donna à nous,
et tu portes le même nom que Lui.
Nous avons été libérés de la peur des manants,
nous reçûmes les acclamations de joie étant tous en paix :
À Muhoza on est content de toi : « règne » te disent-ils.
O toi, Coeur, tu as aussi trouvé pour nous un remède
qui soigne le pays de tout malheur,
ô Tenue majestueuse, du Grand conquérant,
nous étions malades dans ton Rwanda.
L'empoisonneur n'est jamais plus que le désempoisonneur
un homme n'est pas plus grand que le Roi
le Roi n'a jamais plus de bien que son féal :
tu as été Dieu pour nous, ô toi l'archer,
ô rapidité du marcheur,
tu nous as secourus sans tarder.
Tu nous as dit que les riches doivent aider les pauvres,
ô le premier prodigueur de soins, du miséricordieux,
moi le voyant se porter en toutes les directions
je crus que je venais de voir un être humain.
Il m'en déposséda sans t'en dire la raison,
ô le distributeur à tous, de refuge,
ainsi pourrais-tu lui demander une explication là-dessus.
ô souverain, ce n'est pas une histoire inventée que je te dis :
les cris de joie que j'ai poussés en recevant de chez vous
égalent les cris de détresse que j'ai poussés étant dépossédé :
tout le peuple du Rwanda en a été frappé d'étonnement!
Ce n'est même pas en figures que je parle :
j'allume du feu et il refuse de flamber,
je souffle dessus à travers la fumée :
il y a un vent en direction opposée, je ne ranime plus la flamme.
Je serai sauvé par ton intervention tandis que j'y suis encore :

tu m'aurais ainsi tiré de la dernière extrémité.
Eh bien! Je ne suis pas dans la paix,
et cela n'est pas à garder sous silence!
Tu pourrais me tarir les larmes qu'il me fait verser,
ô consolateur, si tu allais selon mon souhait,
mes cadeaux de remerciement te seraient toujours présents.
C'est de toujours qu'il plaide ma cause en mon absence
qu'il me défend, moi étant loin de la Cour,
ce Svelte, du Savoureux, me disant « N'aie crainte!
Les vaches que ton père te légua, je te protègerai avec elles. »
Eh bien! pluie matinale! Je t'ai appréciée ce jour-là,
lorsque tu me ramenas, tandis que j'allais à la dérive :
tu as vu que je m'écartais de l'entrée
tu m'indiquas le chemin et je revins ici.
Et toi, tu ne peux être contraint de rétracter ta parole,
alors qu'elle est celle proférée par l'Aîné :
elle est irréprochable, ô vous les irréprochables,
du partant-en-guerre, du viseur-de-cible,
La parole prononcée par l'Irréfragable, qui la contredirait ?
Voire même si tu venais en puissant à l'excès,
tu n'annulerais pas celle qu'a dite l'invincible du matineux.
Alors tu te serais toi-même induit en erreur
et ce se changerait en mensonge.
Quant à moi, je n'ai en rien déplu :
ta parole opère le salut.
Pas étonnant que tu sois un souverain comme Mibambwe
ô Roi issu du bénéficiaire de secours :
tu es originaire de Kanyoni, chez Gihinira
Fais en sorte que je te remercie pour un fief, ô refuge,
et que je rentre chez moi avec fierté!
Lorsque j'implore Dieu
j'implore tandis qu'Il me voit et il gratifie
et je pars aussitôt avec une centaine (de bovidés).

La traduction française faite par Kagame nous permet de comprendre ce poème dynastique dans ses grandes lignes. Le roi Mutara III pour lequel il a été composé a régné durant le vingtième siècle (1931-1959 selon Kagame)[31]. L'aède qui en est la source est aussi le protagoniste de ce poème.

31 KAGAME Alexis, 1969, *op. cit.*, p. 189.

Cet aède s'est donc fait voler ses bovins par un seigneur local plus puissant. Pour réparer cette injustice, il en appelle au roi.

Malgré le filtre de la traduction, il est très intéressant de voir le champ lexical utilisé pour s'adresser au Roi : logeur-en-voyage, munificent, l'inattaquable, du raconteur, le très puissant, l'affermisseur du tambour, le miséricordieux, le distributeur aux hommes, paré pour le tambour, roi généreux, le marcheur, tenue majestueuse, grand conquérant, désempoisonneur, l'archer, premier prodigueur de soins, distributeur à tous, refuge, souverain, consolateur, irréprochable, partant-en-guerre, viseur de cible, irréfragable, invincible du matineux, bénéficiaire de secours.

Ce sont trois fonctions que nous pouvons élaborer pour le roi à partir de ce texte : le chef militaire, le bienfaiteur de son peuple, et son caractère divin.

Pour le chef militaire : inattaquable, très puissant, affermisseur du tambour (le tambour était alors une sorte d'emblème pour le royaume, la perte ou la capture par les ennemis signifiait la chute du régime selon Kagame), le marcheur, grand conquérant, l'archer (il y avait, toujours selon Kagame, les archers et les porte boucliers) partant-en-guerre...

Pour le bienfaiteur de son peuple : munificent, généreux, premier prodigueur de soins, consolateur, bénéficiaire de secours...

Pour son caractère divin : miséricordieux et dans le poème :

« Je croyais alors qu'il est Dieu lui seul,
tandis que les dieux sont deux,
lui étant en plus un être humain. »

Immana est « Dieu », « l'être suprême » en kinyarawanda. Si le roi a des pouvoirs hors du commun, s'il est « suprême » et « tout puissant », le caractère de l'*immana* traduit par Kagame comme le Dieu unique pose un certain nombre d'interrogations. Alexis Kagame étant en effet abbé, formé par les Pères blancs, la notion de miséricordieux et de Dieu unique ne provient-elle pas de la culture catholique importée par les colons de l'époque ? Ce poème a effectivement été composé durant le vingtième siècle, l'aspect colonial est donc bien présent, la religion occidentale est donc bien implantée. Est-il donc possible dans ce contexte de considérer ce poème comme véritablement traditionnel ?

Il faut rappeler en effet, que nous avons donné ici uniquement la traduction de Kagame. Nous pouvons alors refuser tout élément de cette traduction qui, peu ou prou, rappelle la culture occidentale (et notamment la religion chrétienne). Il reste néanmoins que cette notion d'*Immana* est bien présente, et fait appel à une dimension du « supérieur » à l'homme en général. Nous voyons que même dans la traduction, Dieu est seul, puis il y a deux dieux : il ne faut pas froisser le roi si le protagoniste veut obtenir réparation.

Schématiquement, l'aède (et protagoniste du poème), a subi, selon lui, une injustice et demande réparation auprès du roi. Le roi est donc le juge, sa Cour le lieu du procès. Dans ce poème une seule des deux parties est mise en exergue. Cependant, cette vision contemporaine (que nous reprendrons dans une tout autre partie de notre travail) de la justice n'existe absolument pas dans ce poème. En effet, le champ lexical de la justice ne se retrouve pas directement. Il s'agirait plutôt d'une vision morale et donc religieuse de la justice : « ta parole opère le salut », « tandis qu'Il me voit et il gratifie [Dieu] ». Mêmes interrogations, s'agit-il d'une vision personnelle de l'abbé Kagame?

Nous allons répondre en apportant une réflexion sur le thème du roi. Pour cela, le travail de Sir James George Frazer va nous apporter un éclairage.

Le roi est vu comme un roi-guerrier, un roi-bienfaiteur mais il existe aussi la notion de roi-prêtre dans le sens d'un roi magicien comme le suggère le sous-titre du *Rameau d'Or* de Frazer : « le Roi magicien dans la société primitive, tabou et les périls de l'âme ». Nous allons donc approfondir cette notion essentielle en anthropologie.

1.4 Le roi en anthropologie en général et dans la dynastie nyiginya en particulier

1.4.1 La notion de roi magicien chez Frazer

Voilà ce que souligne Jean Pierre Chrétien : « Il [le roi] n'apparaît ni comme un dieu ni comme un prêtre, selon le modèle du *Rameau d'or* de James Frazer, mais comme un intermédiaire pénétré peu à peu de la force qui habitait son père et qui est gérée par le réseau des ritualistes et des clans titulaires de ces responsabilités. Il est une sorte de médium qui garantit le retour à la normale, c'est-à-dire à la production, aux récoltes, aux vaches qui vêlent et aux bébés qui naissent. »[32]. Nous allons préciser le modèle du *Rameau d'or* de Frazer.

Originaire de Glasgow, Frazer est né en 1854, et poursuit notamment des études à Cambridge. Il publie ses premiers articles en 1887 (« Taboo » et « Totemism »). Dès 1890, il commence la publication intitulée *The Golden Bough. A study in Comparative Religion.* Il terminera la publication de cette œuvre en 1915. Frazer décède en 1941. Son œuvre majeure subira des critiques dures, notamment d'Andrew Lang, anthropologue anglais contemporain de Frazer. Néanmoins, elle sera traduite dans plusieurs langues et aura durant l'entre-deux-guerres un fort retentissement. Notons que ce texte a notamment été étudié par des psychanalystes (Freud s'en est servi pour *Totem et tabou)*[33].

Dans un style littéraire, Frazer va reprendre mythes, contes et recherches ethnologiques aussi bien d'Afrique orientale que d'Amérique du sud ou encore d'Australie. Mais l'étude qu'il en fait suit une ligne rigoureuse pour ne pas tomber dans le piège de la simplification (voir le premier paragraphe sur la trivialisation de l'histoire de notre travail) : « La propension à une simplification excessive est, en effet, naturelle à l'esprit de l'homme, attendu que c'est seulement par l'abstraction et la généralisation, qui impliquent nécessairement la négligence d'une foule de détails, que nous pouvons étendre

32 CHRETIEN Jean Pierre, 2003, *op. cit.*, p. 105.

33 FRAZER James George, 1998, *op. cit.*, introduction p. XXIV.

nos chétives facultés jusqu'à embrasser une infime parcelle de l'immensité de l'univers. Mais, si la tendance est naturelle et même inévitable, elle n'en reste pas moins grosse de périls (...) ».[34] Frazer reste donc tout à fait clairvoyant sur ses propres limites mais aussi sur les limites des travaux auxquels il va faire référence. Sujet qui reste tout à fait brûlant notamment sur notre travail dans le domaine de l'histoire du Rwanda. Nous reviendrons dessus plus en détail et nous montrerons le risque encouru, bien que, comme nous venons de le voir, un anthropologue le mentionne déjà il y a plus d'un siècle. Mais revenons sur le roi magicien et ce « modèle » dont parle Jean-Pierre Chrétien.

Donnant l'exemple d'une tribu d'Australie du sud-ouest (tribu des Diéris), Frazer mentionne : « Donc en somme, il est absolument remarquable que dans la société la plus primitive sur laquelle nous ayons de sérieux renseignements, ce soit particulièrement les magiciens ou les hommes-médecine qui paraissent s'être transformés en chef. »[35] Frazer poursuit et montre le rôle du *nepu* en Nouvelle-Guinée. Il s'agit du chef incontesté, qui avait un rôle, un pouvoir sur le naturel : maîtrise des flots, rôle sur l'abondance des récoltes. En cela, il avait donc une puissance surnaturelle. Pouvoir sur l'homme : vie et mort, maladie ; pouvoir sur la nature, le temps, le soleil, maîtrise des éléments, sont les sources de la fonction de roi magicien. Pour Frazer, bien que le rôle de guerrier du roi ne doive pas être écarté, son accession au pouvoir se fait d'abord par cette croyance de la tribu dans les fonctions « surnaturelles » de l'individu en question (dans le sens d'une maîtrise du naturel). Et pour rendre crédible cette position, le roi invoquait alors son influence sur les esprits. Frazer cite ensuite l'exemple des Mélanésiens[36]. Puis, Frazer note une évolution entre l'appel à la magie et les dieux humains incarnés : pour l'auteur, cette évolution a été lente, le temps que « l'individu progresse en savoir ». Notons ici que Frazer va user d'un langage qui apparaît pour un lecteur du vingt et unième siècle très peu châtié et qui

34 FRAZER James George, 1998, *op. cit.*, p. 210.
35 FRAZER James George, 1998, *op. cit.*, p. 212.
36 FRAZER James George, 1998, *op. cit.*, p. 214.

laisse penser que l'auteur garde pour comparaison des sociétés dites primitives la société britannique de la fin du XIXe siècle dans laquelle il évolue et qui semble constituer le modèle de référence : celui de progrès. Ainsi, « Toute étrange, donc, que puisse nous paraître l'idée d'un dieu incarné dans une forme humaine, elle n'a rien de bien extraordinaire pour l'homme primitif (...). Nos idées sur ce profond sujet sont le fruit d'une longue évolution intellectuelle et morale, et le sauvage est si loin de la partager qu'il ne peut même pas les comprendre quand on les lui explique. »[37] Si dans l'étude de l'ouvrage de Frazer, nous devons exposer un biais d'analyse, c'est bien celui-ci. L'auteur, bien que clairvoyant sur certaines hypothèses, opère son étude avec un référentiel totalement subjectif : la monarchie britannique de la fin du dix-neuvième siècle, comme nous l'avons mentionné, ainsi que cette notion de positivisme alors très répandue et poussée ici à son extrême. Mention faite de ce contexte et de cette vision subjective de l'auteur, il n'en reste pas moins que l'approche objective des travaux de Frazer nous éclaire sur la notion des rois magiciens.

L'auteur représente effectivement la pensée évolutionniste de la fin du XIXe siècle et du début du XXe siècle. L'anthropologue Mondher Kilani le décrit ainsi : « Tel est le cas par exemple, des classifications des formes de pensée par J. Frazer dans *Le Rameau d'or* (1890). Celui-ci retient les trois stades de la magie, de la religion et de la science comme étapes marquantes de l'évolution des formes de pensée et de celle, parallèle des sociétés. Malgré ses analyses pertinentes de chacun des domaines pris séparément, Frazer, comme les autres évolutionnistes, tombe dans l'approximatif et dans l'amalgame lorsqu'il s'agit de retracer un éventuel processus d'évolution d'une forme à l'autre. »[38] Kilani explique que ces stades décrits par Frazer correspondent à une triade sauvagerie, barbarie et civilisation, encore très présente dans l'anthropologie contemporaine.

---

37 FRAZER James George, 1998, *op. cit.*, p. 236.

38 KILANI Mondher, 2009 *Anthropologie, du local au global,* Armand Colin, Paris, p. 225.

Poursuivons néanmoins sur la partie objective du travail de Frazer. Concernant les rois, Frazer note un détachement nécessaire du rôle « religieux » du roi et d'une fonction purement politique ou guerrière. Frazer parle ainsi « du fardeau de la royauté ».[39] En effet, « le monarque est le point d'application auquel se fixe le levier du monde, et la plus petite irrégularité de sa part peut renverser le délicat équilibre. ». Il donne l'exemple du Mikado au Japon. Mais pour les sujets du roi, celui-ci doit alors se conformer strictement à des règles édictées afin que le pire ne se produise pas. « Au contraire, le souverain, ici, n'existe que pour ses sujets ; sa vie n'a de valeurs qu'autant qu'il s'acquitte des fonctions que comporte sa position, en ordonnant le cours de la nature pour le bien de son peuple. »[40]. Cette idée de « bien pour son peuple » se retrouve effectivement dans la poésie dynastique du royaume nyiginya que nous avons abordée précédemment : décrit comme Munificent, généreux, bénéficiaire de secours dans la poésie étudiée par Kagame. Mais, comme Frazer l'indique, cette fonction peut être perçue comme un fardeau. Le roi se trouve alors dans une bulle, protégé pour pouvoir accomplir ce qui lui est dicté par un code ou un autre rite en particulier. Frazer poursuit cette théorie avec l'exemple des Menabe-sakalaves, (peuple de l'actuel Madagascar) : « Chez les sakalaves, on regarde le chef comme un personnage sacré, mais il est tenu en laisse par une foule de restrictions (...) »[41] Face à ce type de monarques enfermés dans une bulle pour pouvoir régner, certains prirent une participation plus pragmatique dans le royaume, ce qui engendra, pour Frazer, une scission entre le pouvoir spirituel et le pouvoir temporel. Pour expliquer la raison de ces restrictions imposées au roi, Frazer se pose alors la question de la mort et de la notion d'âme, qui sont effectivement à l'origine des tabous imposés[42].

---

39 FRAZER James George, 1998, *op. cit.*, p. 486.

40 FRAZER James George, 1998, *op. cit.*, p. 489.

41 FRAZER James George, 1998, *op. cit.*, p. 491.

42 Ce sujet ne rentre pas dans notre champ d'étude. Néanmoins, l'écriture de Frazer est assez irrésistible, cet extrait devrait permettre au lecteur d'aller voir directement l'oeuvre de Frazer : « un missionnaire européen, (...): « je ne suis pas un, comme vous le croyez, mais deux. »Là dessus, comme

1.4.2 *Le roi nyiginya*

Nous avons vu le « modèle de Frazer » comme l'écrit Jean-Pierre Chrétien, mais ce modèle est-il applicable au Rwanda ? En effet, bien que l'œuvre de Frazer donne des exemples très nombreux de peuples divers à travers le monde, il ne mentionne pas les rois du Rwanda. Dans *les origines du Rwanda*[43], Sebasoni mentionne le Ubwiru, qu'il définit comme le Code des rituels. Il s'agit de dix-huit textes transmis oralement, et qu'il classifie en quatre catégories : les rites lors d'une catastrophe inattendue, les rites périodiques, les rites concernant la guerre et enfin, les rites lors de l'intronisation du nouveau roi. Il relève six thèmes majeurs dans ce Code qui sont récurrents : le roi, le tambour-emblème, les hommes, les femmes, les vaches et le Rwanda[44].

Nous avons effectivement déjà abordé ces thèmes lors de l'étude de poèmes, comme de la musique.

Pour la notion de roi, il s'agit du mwami, vu chez Jean-Pierre Chrétien, comme chez Bernard Lugan. Ce code décrit par Sebasoni montre la corrélation avec la description faite par Frazer dans le *Rameau d'or*. Il établit, par la nécessité d'accomplir les rituels, des limites et une direction pour le roi. Ces limites sont établies par des tabous, notamment sur le thème de la vache, qui sera très largement repris par les anthropologues : animal perçu tantôt comme moyen d'échange, valeur économique pour certains dans l'établissement d'une féodalité pastorale sur laquelle il faudra revenir, tantôt comme

---

ils se mettaient à rire [autochtones australiens], « vous pouvez rire tant que vous voudrez, reprit-il, je vous dis que je suis deux en un; ce grand corps que vous voyez est un; et, au dedans, il y en a encore un petit qui n'est pas visible. Le grand corps meurt; il est enterré; mais le petit s'envole quand l'autre périt ». A quoi certains répliquèrent: « Oui, oui. Nous aussi nous sommes deux: nous aussi nous avons un petit corps dans la poitrine. » »; Frazer poursuit en donnant des exemples comme la notion de « ka » (l'âme) chez les Egyptiens de l'Antiquité.

43 SEBASONI Servilien, 2000, *Les origines du Rwanda*, L'Harmattan, Paris, 1 vol.

44 SEBASONI Servilien, 2000, *op. cit.*, p. 35.

animal sacré apparenté à une approche plus psychanalytique sur le mode de totems et tabous.
La direction reste le Rwanda (urwanda, mentionne Sebasoni), il s'agit alors de son peuple, car cette notion de pays Rwanda est tout à fait contemporaine, et ne reflète pas les limites géographiques des royaumes dont nous donnons une description. Le roi se doit d'être le bienfaiteur de son peuple.

1.4.3 Les derniers rois mages

Nous avons repris ici volontairement le titre de l'ouvrage de Paul del Perugia[45]. Ce texte a été édité une première fois en 1978 puis réédité en 1993 en format de poche. Ce texte amène plusieurs commentaires sur la conception du royaume nyiginya puis de son évolution jusqu'à la société rwandaise actuelle, vu par l'auteur. Tout d'abord, dans son propos liminaire, l'auteur mentionne l'émotion qui l'amène à l'écriture : « celle d'avoir vu mourir une civilisation demeurée étrangère aux bienfaits de l'Occident. »[46] Cette remarque impose d'emblée une vision particulière, et répandue il y a quelques décennies encore, du rôle de l'anthropologue. Ce scientifique étudie alors les cultures et sociétés dites primitives en vue de les comparer à sa propre société et d'en pointer les différences, d'en rechercher « des bienfaits ». Dans notre travail, nous voulons adopter une vision différente de l'anthropologie, comme l'explique Kilani, avec une vision du local au global, qui, certes, compare, et recherche des différences, peut-être des bienfaits, mais s'étend surtout à l'universel. Comme nous l'avons mentionné dans notre introduction, la globalisation contemporaine appelle une approche nouvelle de l'anthropologie, qui devient, elle aussi, globalisée. Ainsi, si les méthodes de travail et la matière recueillie par les précédents travaux, comme l'ouvrage de Paul del Perugia, semblent relativement pérennes et encore utilisables dans les études anthropologiques contemporaines, la vision en elle-même poursuit un objectif « global ». Perugia

45 DEL PERUGIA Paul, 1993, *Les derniers rois mages*, Payot, Paris, 1 vol.
46 DEL PERUGIA Paul, 1993, *op. cit.*, p. 13 .

voit dans les rois une « conception d'une politique totale où l'homme et l'univers marchent du même pas vers leur terme solennel. »[47] Cependant, l'auteur fournit dans son ouvrage une conception simplifiée, voire simpliste, de l'histoire du Rwanda, et des derniers rois mages dans quelques-uns de ses passages. Il décrit ainsi l'histoire selon « les trois races ». Il voit ainsi les pygmées, premiers habitants de l'aire géographique actuelle dénommée Rwanda, puis les bantous, hommes à la houe, paysans, puis les hamites. Cette description est largement reprise par Bernard Lugan[48]. Cette vision nous semble simplificatrice car elle se veut d'une façon implicite ou explicite une démonstration *a posteriori* des tensions entre Hutus et Tutsis dans le Rwanda actuel dont le paroxysme est le génocide de 1994.
Ce processus d'arrivée des bantous puis hamites a pris certainement plusieurs siècles, il nous semble difficile d'effectuer une description en quelques pages. Néanmoins, la longueur de ce processus est effectivement mentionnée par les auteurs en question.

Il nous semble plus intéressant de revenir sur la matière anthropologique. Ainsi, si Perugia donne une description certainement trop succincte de la formation des royaumes nyiginya, il décrit cette notion de roi mage. Il parle du code ésotérique, que nous avons déjà expliqué (ouvrage de Sebasoni). Il ajoute que les textes, dix-huit poèmes, ont été recueillis par l'abbé Kagame, et nous avons déjà explicité plus en amont la poésie vue par Kagame. Perugia reprend l'argument donné par Kagame, qui permet sans doute de légitimer ses travaux concernant la nécessité « d'un œil façonné par la civilisation ruandaise qui fournit ses éléments de jugement et de comparaison »[49] pour étudier concrètement ce code.

Ainsi, nous retrouvons la notion d'un code et de règles pour le roi. Ce modèle a été clairement relevé par Frazer dès la fin du XIXème siècle ; Perugia, dans le cadre du Rwanda, note que le roi ne fait qu'obéir : « Dans sa toute puissance, le

47 DEL PERUGIA Paul, 1993, *op. cit.*, p. 15.
48 LUGAN Bernard, 1997, *op. cit.*
49 DEL PERUGIA Paul, 1993, *op. cit.*, p. 244.

monarque faisait face au public, mais il était constitutionnellement aveugle. »[50] Selon l'interprétation de Perugia, ce sont des collèges de mages qui possédaient la connaissance des textes, transmis uniquement par oral. Kagame aurait reçu une grande faveur du roi Mutara, converti au christianisme, qui convainquit les mages de donner le texte sous plusieurs conditions : pas de diffusion tant qu'un des mages serait vivant, pas de diffusion autre qu'en français, pas d'utilisation des termes sacrés. Perugia reprend les quatre domaines cités précédemment (voir Sebasoni). Voici un exemple donné par Perugia concernant une démarche rituelle lors de l'intronisation :

Allume le feu sur l'agora,
Et dit à haute voix – il fait nuit-
« Mages, mages, mages
Où est notre roi ? »
Ceux-ci répondent : « Laissez-nous le temps
Dans quatre jours nous vous le donnerons ».
L'autre répond : « je suis d'accord ! »
La nuit suivante, le gentilhomme allume
un brasier semblable
et crie à haute voix :
« Mages! Mages! Mages
où est notre roi ?
Donnez-nous notre roi ! »
Ils répondent : « laissez-nous le temps,
dans trois jours nous vous le donnerons ! »
Pendant trois jours il en va ainsi
Les mages décomptent les jours qui restent
et la dernière nuit répondent :
« c'est demain que nous vous montrerons le roi ! »[51].

Ainsi Perugia veut montrer que le pouvoir est réellement détenu par ces collèges de mages. Il présente un

50 DEL PERUGIA Paul, 1993, *op. cit.*, p. 245.
51 DEL PERUGIA Paul, 1993, *op. cit.*, p. 248.

modèle de société et une organisation constitutionnelle singulière par rapport aux modèles occidentaux.
Cette approche appelle plusieurs commentaires. Tout d'abord, si la vision de construction du royaume nyiginya, par les Pygmées puis les Bantous puis les Hamites, nous semble réducteur, l'analyse de la fonction du roi apparaît plus pertinente. Elle reprend le concept anthropologique démontré par Frazer. Elle y ajoute une vision en terme juridique, reprenant en fait le mot de Constitution. Or, la comparaison interpelle évidemment le lecteur : si la Constitution est un texte qui régit l'organisation des entités politique d'un pays (et plus précisément d'un pays-nation), elle est avant tout une source écrite, qui définit les différents pouvoirs (législatif, exécutif, judiciaire), et les relations entre ces pouvoirs. Peut-on donc parler de Constitution pour les dix-huit poèmes définissant le code ? Il est avant tout une tradition orale, il définit les pouvoirs accordés au roi, il ne mentionne pas de répartition des pouvoirs, cette conception juridique semble peut-être hors contexte. Néanmoins, le code a une conception normative. Il a donc une valeur qui pourrait être qualifiée de juridique, en cela que ce code doit être suivi et a une valeur au-dessus de tout autre rite.
Ensuite, sur l'origine des textes. Nous avons vu que l'abbé Kagame est encore mentionné. Il est la source commune à tous les auteurs que nous avons cités. Ceci pose le problème de la fiabilité de la source unique.
C'est bien pour cela qu'il apparaît simplificateur d'évoquer en quelques pages l'histoire de la constitution du royaume nyiginya, en superposant l'apparition de clans ou ethnies.

Enfin, Perugia fait bien ressortir le rôle des collèges de mages. Sur ce point Jean-Pierre Chrétien décrit aussi cette royauté à l'ombre de la religion : le roi (mwami) était guidé par ces collèges « L'institution royale s'inscrivait en fait partout dans un réseau de contrôle du surnaturel géré héréditairement par des clans dont l'histoire remontait à un passé immémorial et dont l'implication paraissait fondamentale. »[52].

52 CHRETIEN Jean Pierre, 2003, *op. cit.*, p. 111.

1.4.4 Le roi et la religion

Peut-on s'interroger sur le rapport entre le roi et la religion ? N'est-ce pas une interrogation faisant implicitement et uniquement référence à la société occidentale du Moyen-Age ? Ainsi, cette question relève-t-elle d'une anthropologie globale qui nous apparaît pertinente aujourd'hui ?

Si Jean-Pierre Chrétien cite le terme de religion, il emploie aussi la notion de kubandwa, comme aspect culturel important dans le Rwanda ancien.

Le kubandwa correspond à un culte initiatique, voué aux esprits. Dans cette interprétation, Jean-Pierre Chrétien expose que « les lieux de culte sont marqués par des bosquets sacrés(...), complétés de jonchées d'herbe, parfois de huttes votives. S'y réunissent des habitants du voisinage, hommes et femmes, de tous clans et de toutes catégories (Hutu et Tutsi, etc.). Cette religion était aussi un facteur d'intégration sociale, une réponse aux divisions de la parenté, sur la base d'une solidarité de voisinage. »[53]. Pourtant, Luc de Heusch amène une analyse sensiblement différente : « Au Rwanda central, ils étaient soumis depuis des siècles à la domination socio-économique et politique des Tutsi, détenteurs du bétail. C'est essentiellement sur le plan religieux que s'exprima dans la société traditionnelle la contestation d'une structure sociale exceptionnellement rigide. »[54]. Jean-Pierre Chrétien explique que les interprétations sociales du kubandwa varient d'un extrême à l'autre, car les relations entre la religion et le pouvoir en place ont été changeantes au fil de l'histoire.

Cet aspect passionnant nous amène à considérer plus particulièrement l'étude des mythes et rites bantous, qui sont déduits du travail de Kagame sur le code ésotérique dont nous avons mentionné l'existence.

---

53 CHRETIEN Jean Pierre, 2003, *op. cit.*, p. 112-113.

54 HEUSCH Luc de, 1964, Mythe et société féodale, le culte du kubandwa dans le Rwanda traditionnel, *Revue des sciences sociales des religions*, volume 18, numéro 1, p. 133-146.

1.5 Mythes liés au kubandwa et à l'histoire du Rwanda

1.5.1 L'exemple de Ryangombe vu par de Heusch

L'étude des mythes et rites bantous faite par de Heusch est fondée sur les travaux de Kagame. Nous avons souhaité exposer cette étude dans un paragraphe différent, afin de pouvoir préciser la différence entre l'aspect mythique du code et l'aspect pragmatique, juridique de ce même code. Mais nous verrons que le mythe et les rites sont liés, la limite entre le mythe et l'histoire est parfois floue, ainsi, nous l'avons montré, le premier roi du royaume nyiginya diverge selon les auteurs (notamment pour Vansina), car il serait un personnage purement mythique et n'aurait jamais régné selon certaines théories.

Luc de Heusch reprend « la dernière chasse du roi Ryangombe ». Le mythe de Ryangombe comprend deux parties, selon de Heusch, la première correspond à la naissance de Binego, fils de Ryangombe, qui, après quelques péripéties, retrouvera son père pour l'aider à vaincre son ennemi, qui est en fait son frère, afin d'accéder au trône. La seconde partie correspond à la partie de chasse de Ryangombe où le roi trouvera la mort. Dans l'élaboration de ce récit, de Heusch reprend plusieurs auteurs : Smith, Coupez, Kamanzi, et Arnoux. Ainsi, dans la première partie du récit, Ryangombe, sur les conseils de bergers, va trouver une jeune fille qu'il va épouser, en « [crachant] une gorgée de lait (acte rituel du mariage)». Il aura un enfant, mais n'ayant pas le consentement de son beau-père pour le mariage, il laissera sa femme avec l'enfant. Celui-ci se nomme Binego.

Binego va grandir parmi ses oncles et sa mère. Il est de nature violente. Selon la version d'un des auteurs mentionnés par de Heusch (Smith), Binego obtient dès sa naissance le chien de son père qu'il avait abandonné. Ce chien va le suivre tout au long de son enfance. Ainsi, lorsque ses oncles abandonnèrent Binego lors d'une partie de chasse, son chien l'aide à retrouver le bon chemin. Binego tue alors ses oncles, puis part à la recherche de son père Ryangombe. Il le retrouve alors qu'il est dans une mauvaise passe face à son rival (son frère). Binego

aide alors Ryangombe à se sortir de cette péripétie et Ryangombe obtient le trône.
Dans la suite du mythe, les différents auteurs mentionnés par de Heusch exposent la mort de Ryangombe lors d'une partie de chasse.

Ryangombe, alors roi, décide de faire une partie de chasse malgré les recommandations de sa mère de ne pas y aller, celle-ci ayant rêvé d'une femme « sans seins portant un enfant à cru », mauvais présage dans cette version. Le roi part chasser, et rencontre une femme avec un enfant qui lui demande « un sac de portage », c'est-à-dire le symbole de la reconnaissance de l'enfant par le père Ryangombe. Tout d'abord réticent, le roi apporte à la jeune femme un sac avec la peau d'un léopard qu'il tue. Or, le léopard est un animal sacré. Il brave donc un interdit. Puis la femme veut un sac en peau d'animal encore plus féroce, pour cela, elle se transforme en buffle et transperce Ryangombe de sa corne. Agonisant, « Ryangombe délivre alors son message. Il exhorte les trois castes, Tutsi, Hutu, Twa, à lui rendre un culte et désigne Binego comme son successeur »[55]. De Heusch cite ici Johanssen comme source. Puis il reprend une seconde source, Smith, qui donne une deuxième version : tout d'abord, Ryangombe aurait plutôt fait du charme à la jeune fille, elle ne l'a pas abordé d'elle-même. Ensuite, l'épisode du léopard est absent. Ryangombe s'attaque en fait directement à ce buffle à une seule corne. S'ensuit un combat avec le buffle, Ryangombe, blessé, mais aidé par une érythrine (type d'arbre) envoie un messager pour prévenir son fils Binego. Celui-ci accourt et délivre son père. Mais, ce dernier, blessé, ne peut revenir dans son royaume, ayant versé son sang sur ce lieu, qui est le haut du cratère d'un volcan. Puis « Un certain Muzigirwa décide d'aller chanter les louanges de la grande érythrine à travers le Rwanda. Et c'est ainsi qu'apparurent les initiés, pratiquant le kubandwa sous l'arbre sacré de Ryangombe »[56].

---

55 HEUSCH Luc de,1982, *Rois nés d'un coeur de vache,* Gallimard, Paris, p. 202.

56 HEUSCH Luc de, 1982, *Ibid.*

Voici une partie de l'analyse faite par de Heusch face à ces récits du mythe de Ryangombe : « Le code de la parenté est limpide. Le mythe exalte la piété filiale et la solidarité masculine des chasseurs ; il dévalorise toutes les relations qu'ils entretiennent avec les femmes et singulièrement la mère. ». Puis, « Mais le récit de la mort de Ryangombe s'inspire directement du mythe dynastique qui met en scène la mort sacrificielle du roi Bwimba. »[57].

Pour la première affirmation, la solidarité masculine des chasseurs existe-t-elle vraiment quand les oncles abandonnent Binego ? Quant au rôle de la femme, elle est tout de même le facteur déclenchant aussi bien du début du récit (naissance de Binego, et même de Ryangombe), que de sa fin (mort de Ryangombe lorsque la femme se transforme en buffle). Le rôle de la parenté et de la famille est cependant incontestable et prend une place majeure dans ce mythe.

En revanche, revenons sur la première interprétation du mythe donnée par de Heusch, lorsque le roi meurt et « exhorte les trois castes ». Cette version nous paraît peu vraisemblable. En effet, dans l'étude des récits faits en kinyarwanda, (notamment version Kagame), il n'est fait nullement mention des mots Hutu, Tutsi, ou Twa. Comment ainsi, dans un mythe décrivant la naissance du kubwanda, ces termes pourraient-ils se retrouver ? Pourquoi la deuxième version ne les mentionne-t-il pas alors qu'il mentionne le culte du kubwanda ?
Il nous semble ainsi fortement plausible que cette version « des trois castes » soit à remettre en question.

Ce que note de façon pertinente de Heusch, ce sont les relations entre récit d'un mythe et écriture historique, relatée notamment par la poésie dynastique de Kagame. En effet, est-ce donc le récit d'un mythe inspiré d'une bataille vraie, comme le pense de Heusch, est-ce que l'histoire dynastique est inspirée de cette écriture mythique, comme le pense Vansina ? Il est difficile de pouvoir trancher cette question, car comme nous l'avons mentionné à maintes reprises, la source est orale, mais surtout, il est difficile de pouvoir la recouper avec d'autres sources (de type archéologique ou autre). Si, dans les

---

57 HEUSCH Luc de, 1982, *op. cit.*, p. 204.

différentes études, les genres de récit entre mythe et poésie dynastique par exemple, sont séparés, nous voyons que les thèmes sont redondants. Ce sont le rôle du roi, du pouvoir qui lui est accordé, le rôle de la famille, de la filiation, et le thème des animaux sacrés, ou totem pour reprendre un terme de psychanalyse. Cette corrélation dans les différents thèmes abordés engendre une difficulté de lisibilité : faits historiques, ou récits fabuleux ? Comment identifier la limite ?

1.5.2 Les interprétations du culte du kubandwa

Pour de Heusch, « Au Rwanda central, ils [les Hutu] étaient soumis depuis des siècles à la domination socio-économique et politique des Tutsi, détenteurs du bétail. C'est essentiellement sur le plan religieux que s'exprima dans la société traditionnelle la contestation d'une structure sociale exceptionnellement rigide. Nous aborderons l'étude du culte de possession dit kubandwa sous cet angle sociologique, nous réservant d'entreprendre ultérieurement l'analyse structurale du mythe de Ryangombe qui en est le support. »[58]. Ainsi, il s'agit pour de Heusch d'une forme de lutte des castes, dont il a repris l'interprétation dans la première version donnée du mythe de Ryangombe. Mais comme il le mentionne, les interprétations diffèrent.

Ainsi, pour J. Macquet, que de Heusch cite, ce culte représente « une force de cohésion sociale »[59]. En effet, comme cela est mentionné dans les deux versions du mythe, tous les Rwandais ont accès à ce culte.

Jan Vansina reprend cette notion de culte commun : « Ce culte originaire de la région du Gitara au Bunyoro se serait répandu au Rwanda peu avant la venue de Ndori et il fut adopté par tous, agriculteurs aussi bien que chasseurs et éleveurs. Ce culte était territorial puisque chaque agglomération avait sa congrégation où se célébraient les mystères du culte. »[60], puis il ajoute « Enfin, à l'intérieur de chaque congrégation, le culte était

58 HEUSCH Luc de, 1964, *op. cit.*, p. 133-134.

59 HEUSCH Luc de, 1964, *Ibid.*

60 VANSINA Jan, 2001, *op. cit.*, p. 55.

égalitaire et la hiérarchie sociale ordinaire ne comptait pas pendant les séances, car tous étaient également inférieurs devant le roi-chasseur naturel. »[61].

Nous voyons donc, encore une fois, que pour une source donnée, les interprétations sont multiples : le culte du kubandwa, culte de cohésion sociale ou contestation sociale ? La question implicite, notamment à la lumière de l'histoire récente du Rwanda, est ainsi posée : les mythes sont-ils les prémices d'une future cohésion nationale ou au contraire annoncent-ils un clivage ethnique violent ? Trop souvent, cette dernière question tend à revisiter l'histoire et l'interprétation des mythes et des contes avec une vision récente de l'histoire du Rwanda. Il devient alors tentant de vouloir retrouver une violence ethnique dans les mythes fondateurs culturels du Rwanda actuel pour montrer que le génocide correspondrait au paroxysme d'une lutte entre ethnies Hutu et Tutsi.

Bien au contraire, nous avons montré que parmi les mythes et l'histoire, seuls des thèmes étaient récurrents, mais l'interprétation sociale qui peut en être faite, notamment par de Heusch, ne repose sur aucun fait véridique. Il s'agit simplement d'une interprétation d'un genre littéraire.

Cette «vision des trois castes », nous l'avons vu lors de la poésie dynastique, et lors de l'analyse de la musique avec les Twa, se retrouve essentiellement chez les auteurs européens. Les textes eux-mêmes, ne mentionnent pas explicitement ces faits ou cette division tri-partite.

Il est donc important, aujourd'hui plus encore, de revenir à la source des mythes et autres contes, pour ne pas donner une vision fausse et simpliste de l'histoire du Rwanda.

Après avoir abordé la poésie dynastique, guerrière et pastorale, après avoir abordé les mythes, nous allons voir succinctement un autre type de source, toujours orale, les contes.

---

61 VANSINA Jan, 2001, *op. cit.*, p. 56.

1.6 Les contes du Rwanda

« Au centre de ce vaste environnement, se trouve l'homme dont le conte évoque l'origine, les conditions de vie et de survie, les ambitions et les réalisations, les passions et les aspirations, l'organisation en société, les relations avec les autres hommes et les autres réalisations de la nature... »[62], voici comment l'auteur ayant traduit ces contes introduit l'ouvrage.
C'est cette démarche que nous souhaitons effectivement poursuivre. À ce titre, il nous paraît intéressant de donner un exemple de conte, assez court. Il s'agit du conte de Miseke, fille de Kwisaba.

« Il était un homme qui un jour demanda la main d'une jeune fille. Il lui demanda sa main et dans la suite il l'épousa. Quand il l'eut épousée, la jeune femme conçut et mit au monde une fille. Au moment de l'accouchement, l'homme était parti à la guerre. La femme se trouva dépourvue. La foudre se présenta et trouva la femme dépourvue de bois de chauffage ; la foudre abattit un arbre. Elle répandit les éclats de bois et lui dit : « Voici du bois, allumons un feu, mais cette fille, je l'épouserai ».[...]
Elle éleva sa fille sans encombre ; la fille fut sevrée, grandit comme tous les autres enfants. Des années après elle entra en adolescence.

Un jour, des devins survinrent pour dire : « Que cette fille ne s'éloigne pas des habitations. Elle ramasserait un objet qui lui serait fatal ; de plus, qu'elle se garde bien de rire, car, à son sourire, des coquillages se répandront, à son sourire, des bracelets en fil de fer se répandront, à son sourire des jets de salive se répandront, à son sourire, des perles se répandront, à son sourire, des perles roses se répandront, à son sourire des perles noires se répandront. Qu'elle ne se permette donc jamais de rire, de peur que le roi d'en haut ne l'emporte. »
Tout l'entourage s'employa à l'empêcher de rire[...].

Déjouant un jour la surveillance de sa mère et de son père, elle partit en compagnie d'autres jeunes filles, prise d'envie de renouer avec ses compagnes pour des jeux extérieurs,

62 RUGAMBA C., 1983, *Contes du Rwanda*, Edicef, Paris, p. 1.

pour arracher l'herbe, pour réintégrer l'ouvroir commun, pour ramasser du bois ensemble, pour puiser de l'eau ensemble, pour bavarder ensemble en plein air. Auparavant, celle qui voulait nouer des conversations avec elle la trouvait à son domicile.
Là, elle s'adonnait à la vannerie, elle restait à l'intérieur de la maison, elle tressait des paniers fins et des couvercles de vannerie pour les pots à lait. Elle nettoyait les pots à lait dans une hutte déterminée, de peur que, se manifestant de l'extérieur, la foudre ne l'aperçut et ne l'emporta.
Elle partit donc, s'en alla arracher des herbes avec les autres jeunes filles.[...]La pluie se mit à tomber ; la foudre lança des éclairs et les filles prirent peur. L'une d'elles chanta alors : « Foudre, foudre laisse moi, je ne suis pas Miseke fille de Kwisaba[...] ». Les éclairs cessèrent. La fille sortit, prit sa charge et s'en alla. Une autre fille pensa : « Puisque celle-là, en parlant ainsi, a pu partir, pourquoi ne l'imiterais-je pas ? Peut-être pourrais-je rentrer moi aussi ! Je n'aimerais pas passer la nuit ici. ». Elle aussi chanta la même chanson. La foudre continuait à lancer des éclairs. Elle reprit la chanson. Les éclairs cessèrent. La fille en profita pour sortir.[...].
Il ne reste plus que Miseke de Kwisaba.[...] Elle chanta […] A son tour, la foudre : « Ris, ris, ris que je voie ![...] ». Et la fille: « Hé ! Hé ! Hé ! ».

Les coquillages se déversèrent, les perles roses se déversèrent, les perles noires se déversèrent, les jets de salive se déversèrent. La foudre frappa instantanément Miseke, la souleva et l'emporta. Elle l'emporta dans les airs, et la transporta à son domicile. »[63].

Nous retrouvons ici plusieurs thèmes déjà évoqués : la famille, la place de la femme, les dieux (ici la foudre). Nous voyons aussi l'art de la vannerie, cet artisanat est encore présent au Rwanda. Nous allons l'aborder plus en détail un peu plus loin. Les contes sont ainsi un genre différent des mythes ou des poésies. Plus accessibles, ils décrivent des scènes de la vie quotidienne : « elle tressait des paniers fins et des couvercles de vannerie pour les pots à lait. ». Ce conte comprend une morale assez simple mais une fin telle une tragédie. Les chants sont

63 RUGAMBA C., 1983, *op. cit.*, p. 79-84.

donc intégrés dans le conte, montrant ainsi cette place prépondérante de l'oral dans la culture des nyiginya.

Après avoir vu ces contes et un exemple précis, nous allons analyser le thème de la vannerie, de l'artisanat au Rwanda, qui peut être perçu comme une passerelle entre cette culture orale de la dynastie nyiginya et la culture du Rwanda actuel.

1.7 La vannerie au Rwanda

« Les pots à lait, bien entretenus, munis de leur couvercle de vannerie, y étaient rangés par ordre de grandeur. Dans un pot à lait, on conservait des bâtonnets (umutozo) qui servaient à remuer le lait ou la crème. »[64]. Voici ce que l'on peut lire dans une brochure éditée en partenariat entre la France et le Rwanda. La vannerie est un véritable art plusieurs fois séculaire, il s'agit bien là d'un pont entre l'histoire dynastique et l'histoire actuelle du Rwanda.

Deux types de vannerie sont décrits : vannerie pour femmes et pour hommes. Dans le premier cas, ce sont des nattes, paniers, couvercles, coussinets, panneaux ; dans le second cas, cela concerne la hutte, les armes comme les flèches, les boucliers, mais aussi des nasses pour la chasse et la pêche.
Plusieurs matériaux sont utilisés : le bambou, le papyrus, l'éleusine, écorces de bananiers...
Avec ces matériaux, cinq techniques principales sont développées, utilisant petit couteau, serpette, lancette de fer, et petit vase de terre pour humecter les fibres.

Ces cinq techniques sont la cordée, la technique spiralée cousue, la vannerie doublée, la technique tissée, et la technique tressée. Ces techniques permettent d'instaurer divers motifs et décors, faisant de cet artisanat un véritable art[65]. Les différents motifs présentés peuvent être une forme d'aile, de bouclier, de

64 KANIMBA MISAGO C., 2000, *Artisanat au Rwanda, La vannerie*, SEPIA, St-Maur, p. 24.

65 Référence à l'ouvrage de PAUWELS P. M., 1955, *Les métiers et les objets du Rwanda,* Annali Lateranensi, vol. XIX.

régime de bananes, en filet, ou « qui louche », mais aussi en collier de perles, en « courbe de rivage d'un lac », en obscurité, ou encore en forme de « cornes d'un taureau prêt au combat »[66]. Quels sont les différents objets - et leur utilisation - que l'on peut fabriquer avec cet artisanat ?
Ce peut être le panier, le pot à bière, les panneaux de cloison, des outils de transport et de portage (paniers, palanquins...), des étagères (pour pots à lait), des nasses et autres instruments pour la chasse et la pêche. Tout cela ayant évolué vers une vannerie moderne de sacs, paniers, sets de table, casiers...

Il est intéressant de noter que cet art, la vannerie, est utilisé par tous les Rwandais. La brochure mentionne ainsi l'utilisation par les Twa de la vannerie pour les instruments de pêche et de chasse[67].
Il est tout à fait pertinent de noter cette continuité entre le Rwanda ancien et le Rwanda actuel, si l'utilisation a en effet pu évoluer au cours des décennies, l'art est toujours présent. Ainsi, pour la fonction de transport, il est mentionné le transport des morts dans le Rwanda ancien : « La dépouille du défunt, toujours repliée dans la pose du fœtus, ligotée, enveloppée d'une natte, et éventuellement ointe de beurre rance, était soit mise en terre, soit portée en brancard (palanquin) vers un lieu isolé (sommet de montagne, île sur un lac, marais, grotte ou gouffre) où elle se détruirait elle-même. Dans la main du défunt, on plaçait un viatique : quelques grains de sorgho ou courges pour se nourrir, quelques fibres d'écorces pour se vêtir, quelques plantes magiques pour se frayer passage, quelques objets utiles dont l'ombre servirait au défunt pour son dernier voyage. »[68].
Nous voyons donc, ici, un usage particulier de la vannerie pour le transport des défunts qui avait lieu dans le royaume nyiginya. Même si ce type de rite funéraire n'a plus lieu (mais en est-on sûr ?) aujourd'hui, il advient de convenir que l'artisanat est toujours pérenne. Les techniques employées sont donc plus que

66 KANIMBA MISAGO C., 2000, *op. cit.*, p. 16-17.
67 KANIMBA MISAGO C., 2000, *op. cit.*, p. 26.
68 PATERNOSTRE DE LA MAIRIEU B., 1983, *Le Rwanda, son effort de développement*, De Boeck, Bruxelles, *in* KANIMBA MISAGO C., 2000, *Artisanat au Rwanda, La vannerie*, SEPIA, St-Maur, p. 22.

séculaires, ces différentes techniques et cet artisanat, comme nous l'avons présenté, ne semblent pas en faveur d'une hypothèse de distinctions ethniques, l'ensemble des Rwandais actuels pouvant utiliser cet artisanat. Les motifs géométriques utilisés peuvent faire référence à des thèmes déjà explicités dans l'étude des poésies, contes et mythes de l'ancien Rwanda.
Si la vannerie est un artisanat, un art, actuel et ancien, un autre domaine est intéressant pour retrouver cette continuité entre le Rwanda ancien (précolonial) et le Rwanda actuel : la médecine traditionnelle.
Nous allons aborder ce thème car la médecine traditionnelle appartient intégralement « au patrimoine socioculturel » du Rwanda.

1.8 La médecine traditionnelle comme passerelle entre le Rwanda ancien et actuel

« Il s'agit de toute une manière de vivre et de concevoir le monde. Cette vie, bien que réputée simple, fait appel à un ensemble illimité de pratiques socioculturelles auxquelles recourent les Africains quand il s'agit de procurer à leurs semblables le bien-être intégral. C'est cela qu'ils appellent soigner. »[69].
Rwangabo, dans son analyse, montre que la médecine traditionnelle africaine fait appel aux notions de diagnostic et de prévention. Il ajoute « Les termes « explicables ou non » que l'on rencontre dans la définition de la médecine traditionnelle soulignent bien que, pour être valable et efficace, cette thérapeutique et ses méthodes d'approche ne doivent pas être nécessairement comprises par tout le monde. ». Cette affirmation s'adresse-t-elle aux observateurs européens ? Reste que cette hypothèse est toujours valable dans la médecine occidentale. L'auteur ajoute que la médecine traditionnelle a conscience de ses limites, de plus, elle nécessite un apprentissage difficile.

---

69 RWANGABO P. C., 1993, *La médecine traditionnelle au Rwanda*, Karthala, Paris, p. 16.

Dans la médecine traditionnelle, l'environnement familial est primordial. Nous voyons que ce thème présent pour la médecine traditionnelle l'est aussi dans d'autres formes telles les contes et mythes que nous avons étudiés précédemment.
Plus que cela, les rites eux-mêmes sont considérés comme thérapeutiques, voici ce que précise Rwangabo : « C'est ici que trouvent leur raison d'être certaines composantes de la culture rwandaise appelées kuraguza, guterekera, kubandwa, et l'ensemble du rituel accompagnant le culte à Lyangombe et à Nyabingi. Kuraguza, guterekera et kubandwa constituent les étapes d'un cérémonial très élaboré [...] »[70]. Puis l'auteur continue : « Le culte de kubandwa constitue le principal certes mais non le seul élément culturel intervenant dans la sauvegarde et le maintien de la bonne santé chez les Rwandais. »[71].

L'auteur reprend ici le culte que nous avons développé comme moyen médicinal, il s'agit du lien que nous recherchions entre le Rwanda ancien et actuel. En effet, ce type de médecine fait appel à tout un environnement culturel et familial qui est toujours présent. Néanmoins, la médecine occidentale est aujourd'hui très présente : la faculté de médecine de Butare est une faculté très importante au Rwanda.
Plus qu'une confrontation de deux mondes opposés, nous pouvons chercher une synergie entre médecine occidentale et médecine traditionnelle : ainsi, la flore médicinale rwandaise est utilisée dans les deux cas.
Chacune des médecines, occidentale et traditionnelle, comporte des limites, et l'approche pharmaceutique permet de mettre en évidence des liens directs entre les plantes pouvant être utilisées lors de cultes et les plantes employées pour la médication occidentale.
Plus concrètement, quelles sont les pathologies répandues au Rwanda ? Rwangabo classe les maladies parasitaires, microbiennes, systémiques et accidents corporels, gynéco-obstétricales, et comportementales.
Dans la première classe de maladies, l'auteur cite le taenia et l'ascaris, toujours présents en Afrique sub-saharienne. Il aurait

70 RWANGABO P. C., 1993, *op. cit.*, p. 21.
71 RWANGABO P. C., 1993, *op. cit.*, p. 22.

été judicieux de rajouter le genre Plasmodium et surtout le *falciparum*, qui n'est autre que la malaria. Ces parasitoses, comme le taenia, vont effectivement engendrer ce que l'auteur nomme des maladies systémiques. Il s'agit principalement de pathologies gastriques, comme l'ulcère, ou la gastrite.
Concernant les fractures ouvertes, voici ce que note l'auteur : « Quant aux fractures ouvertes ou accompagnées de déplacement de l'os, le véritable tradipraticien, surtout de nos jours, reconnaîtra ses limites et conseillera à son patient de recourir aux services des hôpitaux modernes. Bien entendu, certains thérapeutes […] continuent à croire qu'il est possible de traiter ce genre d'atteinte sans aucun contact physique avec le malade [...] »[72].

Comme nous l'avons indiqué, il y a, de part et d'autre, une prise de conscience des limites de chaque médecine, traditionnelle et occidentale, même si des exceptions peuvent persister, celles-ci n'étant liées qu'au praticien lui-même. Il faut noter que si les diagnostics effectués diffèrent de par leur signification, ils se retrouvent aussi bien dans la médecine occidentale que traditionnelle. Nous l'observons aussi pour les procédures obstétricales.
En effet, les épisiotomies étaient aussi pratiquées. Seules les techniques de suture n'étaient pas employées (correctement), ce qui entraîne évidemment diverses complications. Concernant les cas très difficiles, avec décès du bébé ou de la mère, une césarienne péri-mortem était pratiquée.
Enfin, dans tous les cas amenant au décès, une autopsie par césarienne post-mortem se faisait : selon l'auteur, il s'agit du seul cas où l'autopsie était autorisée « pour éviter le malheur qui surviendrait à une famille ayant enterré un enfant dans le sein de sa mère. »[73].

Que peut-on dire sur le diagnostic en médecine traditionnelle par rapport à la médecine occidentale ?
Dans le cas de la médecine occidentale, le diagnostic est l'étape clé dans le travail du médecin, il doit donc être le plus précis possible, et les divers (et parfois nombreux) examens

72 RWANGABO P. C., 1993, *op. cit.*, p. 32.
73 RWANGABO P. C., 1993, *op. cit.*, p. 34.

complémentaires sont là pour en témoigner. Seulement, ce diagnostic repose sur une connaissance poussée dans des domaines tels que la physiologie, la bactériologie ou encore la virologie. Or, dans le cas de la médecine traditionnelle, nombre de ces éléments sont inconnus. Rwangabo expose que selon la médecine traditionnelle, « certains aliments comme la viande se fixent sur les muscles. »[74] La connaissance de la physiologie est donc manquante.

Néanmoins, plusieurs éléments intéressants sont à considérer dans le diagnostic et la façon de le poser en médecine traditionnelle. Il s'agit, tout d'abord, de l'interrogatoire sur les antécédents médicaux du patient ainsi que de son entourage. L'anamnèse est très poussée. De plus, cet interrogatoire est accompagné d'observations aussi bien physiques que comportementales du patient et de sa famille. L'examen clinique existe aussi. Les selles, vomissements, urines, mélénas, hémoptysies sont pris en considération. A cela s'ajoute que « la divination sert à la fois à poser le diagnostic, établir un pronostic, et orienter le traitement »[75].

Nous voyons que la médecine traditionnelle est un autre trait d'union, comme l'artisanat, entre le Rwanda ancien et le Rwanda actuel, laissant une place aux contes, mythes, poésies étudiés précédemment mais aussi à une culture importée qu'est la médecine occidentale. Il s'agit d'un élément concret et tangible sur le plan anthropologique qui permet d'établir la fonction de guérisseur et de « tradipraticien » dans le royaume nyiginya. Il faut noter, enfin, que dans ce type de médecine traditionnelle, il n'est pas fait mention, du moins dans les traités étudiés, d'aspect ethnique sur la méthode de soins prodigués, ou sur les posologies employées.

Les considérations observées dans le domaine médical, mais aussi précédemment dans le domaine de l'artisanat, de l'étude des contes, mythes et poésies ainsi que de la musique, font ressortir un concept intéressant d'une vision nouvelle de l'anthropologie. Le paragraphe suivant expose cette vision de l'anthropologie du vingt et unième siècle.

---

74 RWANGABO P. C., 1993, *op. cit.*, p. 61.
75 RWANGABO P. C., 1993, *op. cit.*, p. 63.

1.9 Résumé de l'approche anthropologique

Tout d'abord, revenons sur ce qu'est l'anthropologie, et en quoi consiste le travail de l'anthropologue : « He is interested in their effect upon the distribution of form, function and behavior among the individuals composing the group or upon the group as a whole. »[76].

Franz Boas, considéré comme le fondateur de l'anthropologie américaine, écrit *Anthropology and the modern life* en 1928. Ce petit ouvrage, accessible, donne une bonne vision d'ensemble de l'anthropologie du début du vingtième siècle.

Il voit déjà ce concept du local au global, comme le montre Kilani dans son ouvrage de 2009. La différence se situant à la signification contemporaine du global, au sens de la globalisation et d'un monde moderne ayant aboli les distances. Le global contemporain peut être interprété comme un global physique. Le global de Boas est interprété comme un global posant un concept purement intellectuel, une vision anthropologique. Le global contemporain est physique en cela qu'il permet à tout être humain de se déplacer dans des délais très courts sur n'importe quel point de la planète pour pouvoir entreprendre les vérifications nécessaires sur un sujet donné ; physique en cela que les nouvelles technologies de l'information et de la communication (NTIC) permettent de créer et de conserver les liens entre les différents peuples, et donc d'avoir cette vision globale de façon quasi instantanée, ou, du moins, permet une représentation accessible à tout le monde. Le global de Boas se situe comme une extrapolation des ethnographies faites lors de périples importants et peu accessibles.

C'est ce point de vue de global contemporain au sens d'un global physique qui nous permet d'entreprendre ce travail anthropologique sur le Rwanda ancien et le royaume nyiginya. Il nous donne ainsi une vision anthropologique, qui, après vérification des éléments disponibles : contes, mythes, poésies, chants, artisanat, médecine traditionnelle, nous montre peut-être

76 BOAS Frank,1986, *Anthropology and modern life*, Dover, New York, p. 13.

une corrélation différente de l'approche historique qui est parfois donnée.

En effet, lors de cette étude, l'aspect ethnique n'apparaît pas directement. Or, nous l'avons abordé, cet aspect est récurrent chez de nombreux auteurs et apparaît même comme élément fondamental de l'histoire du Rwanda. Il s'agit des ethnies Twa, Hutu et Tutsi, qui se sont (se seraient) installées les unes après les autres dans le pays des mille collines, attribuant à chacune une fonction précise : chasseur-cueilleur, paysan, fonction sociale plus élevée, et montrant parfois, lors de l'étude de certains mythes et rites comme le kubandwa, une frustration sociale se développant entre les trois ethnies.
Or, la source de l'étude anthropologique est principalement orale. Cette source a été élaborée et interprétée par Kagame, abbé qui avait une formation et une idéologie marquée par l'empreinte de la colonisation occidentale. Celle-ci est un facteur important à prendre en compte.
En effet, dans l'étude des mythes, poésies et contes recueillis, cette division tripartite n'apparaît absolument pas explicitement, l'appartenance à telle ou telle ethnie Twa, Hutu, Tutsi n'a aucun fondement anthropologique.
Il y a bien une distinction sociale, notamment, nous avons vu la fonction du roi, du mwami, mais celle-ci n'est pas formée sur l'appartenance ethnique dans les textes.

C'est pour cela que pour évoquer le Rwanda ancien, l'approche anthropologique est pertinente, beaucoup plus qu'une approche purement historique ou archéologique, car les preuves tangibles sont minces. Il s'agirait, si l'on utilisait une approche historique, d'étudier une scène judiciaire après qu'elle ait été revisitée par des personnes extérieures sans avoir pris les précautions nécessaires pour garder les preuves. Si les premiers travaux, notamment ceux de Kagame, ont permis de sauver une partie du patrimoine du royaume nyiginya, nous avons vu que les précautions prises n'étaient pas toujours suffisantes. Ceci entraîne une vision scientifique biaisée, il n'est donc pas possible d'affirmer avec autant de certitudes une histoire ancienne du Rwanda avec la vision des trois ethnies.

En effet, si cet aspect est, semble-t-il, un élément qui souhaite apporter une origine au génocide rwandais qui a lieu

au printemps 1994, l'anthropologie ne prétend en aucun cas démontrer cela, et tendrait plutôt à montrer l'inverse.
Il n'en reste pas moins qu'à partir de la colonisation, avec l'entrée des Allemands dans le royaume nyiginya en 1894, par le comte Von Gözten, puis avec la colonisation par les Belges, l'approche historique donne une vision très claire. L'histoire moderne et contemporaine du Rwanda est alors le bon outil d'étude de cette période.

Avant d'entreprendre l'étude du Rwanda contemporain et de voir l'approche historique du génocide au printemps 1994, revenons sur quelques éléments d'anthropologie.
L'approche que nous avons effectuée n'est pas exhaustive, l'étude de la linguistique peut être menée (même si quelques éléments ont été apportés), l'étude archéologique ainsi que paléontologique pourrait mettre en avant d'autres éléments.
Ce qui est cependant important dans ces études menées, et à mener, ce sont les limites atteintes sur le plan scientifique.
L'objectivité par rapport au monde contemporain et au ressenti doit prévaloir quand on sait que le génocide a eu lieu au printemps 1994. Ne pas prendre parti est évidemment primordial pour une étude anthropologique, et ne pas interpréter l'histoire par la fin est aussi nécessaire.
En étudiant pas à pas chaque domaine, la poésie, puis les mythes, puis les contes, l'artisanat... en apposant les limites de chaque étude et en ajoutant systématiquement une plus-value donnant les corrélations entre les domaines d'étude, il est possible de ne pas tomber dans les travers mentionnés plus haut.
Ces précautions sont à prendre lorsque l'on évoque le génocide.
Ce crime contre l'humanité a des particularités que nous aborderons et qui font de ce crime le pire qui soit dans notre monde contemporain.

L'aspect de globalisation propre au monde contemporain et le sujet de notre étude, le génocide rwandais, sont les deux caractéristiques majeures d'une anthropologie particulière, qui doit considérer ces deux éléments.
La notion juridique et philosophique nous impose les limites de l'étude anthropologique, quand la globalisation nous donne des moyens physiques illimités, ou tout au moins beaucoup plus importants que ceux du temps de Boas.

Les paramètres se seraient donc inversés : les limites deviennent celles imposées par la vision philosophique et juridique, alors qu'avant elles étaient imposées bien souvent par la technologie, la technique (nous avons vu les moyens qu'utilise Kagame pour enregistrer les poésies : au début de son étude, il n'a recours à aucun magnétophone.)
Or, dans notre étude, les deux facteurs sont en fait limitants, car seul Kagame donne une source orale première, et nous devons prendre en compte ses limites qui deviennent les nôtres, puis les facteurs de notre étude contemporaine du génocide qui nous donne aussi les limites que nous devons respecter.
Cela nous amène à séparer la vision anthropologique de la vision historique contemporaine du génocide. Nous verrons ultérieurement l'apport de la notion philosophique de reconnaissance par rapport au crime de génocide.

1.10 Histoire contemporaine du Rwanda

Avant d'aborder le génocide, il faut tout d'abord évoquer le contexte, et revoir l'histoire depuis l'entrée des Allemands puis de la colonisation belge du Rwanda.

À cet effet, nous allons évoquer ci-après une chronologie tirée de l'ouvrage de C. Braeckman[77].
« 1894 : le comte Von Götzen entre au Rwanda.
1896 : le mwami Yuhi V confie les relations extérieures de son pays à l'empire allemand.
1900 : première mission des pères blancs (qui formeront l'abbé Kagame par exemple)
1907 : ouverture d'une résidence allemande au Rwanda
1916 : lors de la Première Guerre mondiale, les Belges attaquent les positions allemandes au Rwanda.
1926 : la SDN procure un mandat à la Belgique sur le Rwanda avec une mission de civilisation.
1952 : existence de conseils représentatifs occidentaux.

77 BRAECKMAN Colette, 1994, *Rwanda histoire d'un génocide*, Fayard, Paris, p. 333-335.

1959-1961 : révolution sociale et politique amenant la fin du royaume nyiginya, soutenue par l'Eglise.
« La Toussaint rwandaise » a lieu : des dizaines de milliers de Tutsis sont chassés.
1961 : la République est proclamée par les Hutus.
Kayibanda est le premier président rwandais jusqu'en 1973.
1959-1963 : 200 000 Tutsis fuient le Rwanda, en décembre 1963, après des attaques par les Tutsis aux frontières, des représailles sont menées.
1973 : le président Kayibanda, subit un coup d'état et laisse sa place au président Habyarimana, alors ministre de la défense.
1978 : parti unique le MRND (mouvement républicain national pour le développement).
1979 : création de la Ranu qui deviendra le FPR front patriotique rwandais.
1988-1989 : réélection de Habyarimana, famines, corruption dans le pays.
1990 : le FPR attaque depuis la frontière rwandaise.
Arrestation de 10000 Tutsis. Premier massacre de Tutsis à Kibilira.
Intervention militaire française et belge.
1991 : nouveau front du FPR
multipartisme autorisé. ».
Deux périodes sont présentes dans cette chronologie. Tout d'abord la colonisation belge depuis le mandat donné par la Société des Nations (SdN) qui a imprimé une marque occidentale sur le plan culturel (notamment avec les missions de l'Eglise), mais aussi sur la gestion du pouvoir, beaucoup plus centralisé. La seconde période est donc la République rwandaise qui n'a de républicain que le nom. Cette seconde période est beaucoup moins marquée par la société occidentale et laisse place aux massacres.

La première période de colonisation est décrite par Yves Ternon : « L'administration coloniale exploite la centralisation de l'ancien royaume rwandais pour maintenir son contrôle et en tirer le meilleur profit. Elle simplifie la représentation de la royauté, la plaque sur sa vision européenne d'une société féodale constituée par sédimentation de trois couches successives, chacune identifiée à une race : les Twa, Pygmées vivant dans la forêt, les cultivateurs hutus défrichant le sol, les pasteurs tutsis venus du Nord avec leurs troupeaux et asservissant les Hutu. Pour appuyer ce mythe racial, produit d'une culture coloniale et missionnaire qui réduit une société complexe à une lutte entre deux « races » identifiées par des critères somatiques (le mot « ethnie » n'apparaît pas encore dans ce discours), les Belges et les missionnaires contribuent à la rédaction d'une histoire imaginaire du Rwanda[...] »[78].

Nous avons précédemment utilisé l'approche anthropologique pour étudier le Rwanda ancien et nous avons montré que cette histoire des trois ethnies, encore très présente actuellement, était le fruit d'une interprétation, plus que d'une réelle analyse scientifique.

L'étude historique de cette période contemporaine, lors de la colonisation belge, montre effectivement que les pressions extérieures de la société occidentale, des missionnaires, ont influencé cette vision ethnique pour ne pas dire raciale.

Nous pouvons donc établir une rupture entre la vision anthropologique et la vision historique. La première permettant de dresser un portrait très incomplet, certes, du royaume nyiginya, mais qui nous donne des éléments réels, en imposant les limites d'une interprétation fausse.

Quant à la vision historique, elle semble ne pouvoir être utilisée qu'à partir de la colonisation afin d'identifier ce regard de la civilisation occidentale sur le Rwanda ancien et la simplicité de l'interprétation ethnique a semble-t-il séduit, et est devenue l'histoire du Rwanda.

Comme nous l'avons mentionné, notre objet d'étude concerne le génocide, le crime contre l'humanité le plus abominable pouvant être commis, cela nécessite une réflexion plus poussée que la version historique officielle de l'époque coloniale, qui a néanmoins un retentissement important pour, soi-disant, expliquer le génocide.

La période de colonisation est décrite comme « le royaume brisé » par C.Braeckman, l'auteur reprend : « Les

---

78 TERNON Yves, 2009, R*wanda 1994. Analyse d'un processus génocidaire,* In Rwanda, quinze ans après, *Revue d'histoire de la Shoah,* n° 190, janvier/juin 2009, p. 26-27.

colonisateurs allemands puis belges qui s'installent au Rwanda et au Burundi figent des relations sociales beaucoup plus complexes qu'ils ne l'imaginent.[...] Au Rwanda comme au Burundi, les rois se soucient de leurs sujets et n'apprécient guère les charges que les nouveaux venus font peser sur eux. »[79].
Cette cristallisation de la société rwandaise, du royaume nyiginya, opérée par la colonisation aura pour conséquence les exactions et massacres commis entre ethnies dès le début de la première république rwandaise.

La preuve historique que nous pouvons apporter est, nous l'avons vu et mis en évidence dans le début de ce chapitre, l'interprétation faite par une vision européenne d'une approche se voulant anthropologique. Si les connaissances recueillies peuvent servir pour étudier le royaume nyiginya, l'interprétation donnée (notamment par Kagame) a une vision biaisée. En ayant un regard extérieur, et un recul suffisant, sur les travaux à caractère scientifique entrepris durant la période coloniale, nous avons vu que dans la plupart des sources, la répartition de la société rwandaise en trois ethnies est acquise. Il n'est jamais mentionné de preuves de cette répartition, elle est posée comme fondement sans aucune justification. Or, une analyse scientifique fine ne peut souffrir de telles approximations, quelles sont les preuves concrètes permettant d'affirmer que le Rwanda ancien a été formé selon une vision et une répartition purement ethnique entre Twa, Hutu, Tutsi ? Nous avons vu au sujet du kubandwa, par exemple, des interprétations totalement divergentes.

En effet, les sources permettant une étude objective sont minces, chaque auteur peut donc les interpréter selon sa sensibilité et faire dire à l'histoire ce qu'elle n'est pas.
Si les sources sont minces, nous avons vu qu'elles étaient variées et qu'elles permettaient de décrire une société complexe, dont les interactions entre ethnies ne sont pas explicitement mentionnées.
Seules les études durant la colonisation et postérieures à la colonisation (aujourd'hui encore) font état d'une vision tripartite.

79 BRAECKMAN Colette, 1994, *op. cit.*, p. 29.

Cette vision semble donc progressivement s'intégrer dans le Rwanda contemporain pour apparaître comme une vérité au début de la première république.

Sebasoni l'indique : « Nous sommes en 1959-1962, l'époque des pogroms, des incendies, de l'exclusion et de l'avènement des réfugiés tutsis. »[80].
L'Église catholique joue un rôle majeur dans ces années, ayant dispensé une doctrine des trois ethnies et prenant parti pour une en particulier.
Quant à la communauté internationale, dès le début et sous le règne de Kayibanda, « les violations des droits de l'homme dont sont victimes des Tutsis et qui sont commises au nom de la règle de la majorité n'inquiètent guère la communauté internationale. Nul ne songe à dénoncer la dérive ethnique du régime, où le populisme des discours masque à peine un véritable racisme sur fond de remarques anthropomorphiques. À trente ans d'intervalle, l'histoire se répète et les pogroms d'aujourd'hui sont, à la puissance cent, la répétition des persécutions de jadis. » écrit Colette Braeckman[81].
« Le cycle des massacres est inauguré en novembre 1959 à Gitamara. La violence gagne rapidement la plus grande partie du pays. Des milliers de Tutsi sont massacrés, leurs maisons incendiées, leurs biens pillés. »[82].
Tous les auteurs étudiés voient en ces massacres le début d'un cycle de violences qui va conduire inexorablement au génocide de 1994. Nous avons vu Braeckman, Sebasoni, Ternon, Jean-Pierre Chrétien aussi : « Comment ne pas y voir aujourd'hui un prodrome annonciateur du génocide de 1994, quand on sait qu'à l'époque Grégoire Kayibanda avait menacé les réfugiés, au cas où ils s'attaqueraient à Kigali, de créer un chaos qui signifierait « la fin totale et précipitée de la race tutsie. » »[83].

Nous pouvons retrouver quelques récits de l'époque de la première république. La revue des *Temps modernes*, qui

80 SEBASONI S., 2000, *op. cit.*, p. 228.
81 BRAECKMAN Colette, 1994, *op. cit.*, p. 52.
82 TERNON Yves, 2009, *op. cit.*, p. 27.
83 CHRETIEN Jean Pierre, 2003, *op. cit.*, p. 268.

existe toujours, mais qui à l'époque était dirigée (et a été créée) par Sartre, (avec notamment de Beauvoir et Lanzmann au comité de direction de lecture), publie en avril 1964 un texte d'un étudiant rwandais sur *Le drame du Rwanda*. Cette revue a évidemment un parti pris politique ainsi que sur la question de la colonisation de l'époque, elle est, néanmoins, l'une des rares à exposer le problème du Rwanda. Bertrand Russell sera aussi un relais expliquant ce qui se passe au Rwanda. Notons que Sartre et Russell ont créé le tribunal Russell pour juger le rôle des Etats-Unis au Vietnam dans les mêmes années (1966), la problématique de Sartre et Russell est la décolonisation et les massacres, crimes de guerre liés à celle-ci. Nous reviendrons plus en détail sur le tribunal Russell dans notre approche philosophique. Dans le cas du Rwanda, en avant-propos de l'article de l'étudiant rwandais Djuma Mbogo, il est explicitement dit : « Mais cette inadaptation de l'organisation traditionnelle (qui n'a d'ailleurs pas empêché dans le passé pré-colonial la formation de grands royaumes africains) est précisément le fruit de la colonisation après en avoir été le support. » En effet, la première interrogation concerne les massacres de la première république et la portée de ceux-ci - sont-ils annonciateurs du génocide ? La réponse, nous l'avons vu, est oui, pour tous les auteurs étudiés. La deuxième interrogation est comment ces massacres ont-ils pu avoir lieu alors que le royaume a été, ou semblait stable depuis des siècles ? Ainsi, la réponse apportée dans cette revue de Sartre est la colonisation. Celle-ci a institutionnalisé la racialisation du Rwanda : « L'histoire du Rwanda n'est qu'un exemple entre bien d'autres : en « racialisant » la répression, un gouvernement fantoche tente de « racialiser » une opposition qu'il redoute dans la mesure où elle est justement politique et nationale. »[84].
En conclusion de son article, l'étudiant demande effectivement « une lutte immédiate contre la dictature en place, un refus du sectarisme racial, l'instauration d'une république démocratique, la séparation de l'Eglise et de l'Etat ».

L'histoire contemporaine de la première république du Rwanda est perçue dans le sens, bien réel, de la décolonisation

---

84 *Les temps modernes,* avril 1964, n° 215, p. 1822.

et de l'enjeu de celle-ci entre les différentes forces en présence au Rwanda : partis racistes, partis modérés, ancienne puissance coloniale, Eglise, (ainsi que la communauté internationale via l'ONU dans les décisions politiques). Cette vision est pertinente, mais il est tout à fait concevable d'ajouter à celle-ci la vision de la chute d'un régime. La colonisation a précipité la chute du royaume nyiginya, du Rwanda ancien.

Il s'agit, non pas de la disparition d'un peuple, mais de la disparition d'une civilisation. En effet, quels sont aujourd'hui, et même lors du vingtième siècle, les éléments restants, toujours en vigueur du royaume nyiginya ?

Nous avons vu que la vannerie peut être perçue comme un élément pérenne de cette culture, tout comme les les chants, mais cela a tendance à disparaître, peut-être une médecine traditionnelle, mais qui est en synergie avec la médecine occidentale, donc qui a été transformée.

La civilisation du royaume nyigniya au vingtième siècle est-elle encore vivante ?

Colette Braeckman note à propos des arts : « L'art figuratif du Rwanda indépendant n'est rien d'autre qu'un art missionnaire, des broderies, des travaux de vannerie, des nappages, des découpages de papier, un art enfantin et indigent qui tranche sur la prodigieuse créativité du Zaïre voisin. »[85].

L'auteur interprète ce phénomène comme une « forme de violence ». Si l'on peut voir ici un manque de créativité, il s'agit surtout d'une absence de liberté créatrice, donc certainement d'une forme de violence.

Il s'agit d'une preuve de la déchéance de la civilisation du royaume nyigniya.

Cette chute qui peu à peu laisse place à une disparition presque totale lors de la première république peut très bien être étudiée en histoire comparée avec la disparition des civilisations maya, inca, ou peut-être plus pertinente des Indiens d'Amérique. Vue sous cet angle, la colonisation est le catalyseur de la chute. Catalyseur car les colons n'ont pas perpétré eux-mêmes les massacres, mais ont favorisé l'idéologie raciale.

---

85 BRAECKMAN Colette, 1994, *op. cit.*, p. 52.

Sous cet angle encore, si le Rwanda dynastique est une civilisation disparue, il apparaît primordial aujourd'hui d'effectuer des études, des thèses sur le plan historique et anthropologique afin de ne pas perdre un bout de l'histoire de l'homme et des civilisations.
Nous voyons ainsi que l'approche anthropologique que nous avons eue dans un premier temps est pertinente, et que l'approche historique de la première république du Rwanda a pour but de mettre en exergue cette approche anthropologique de compréhension des civilisations.

Quant à la seconde République, c'est l'armée et son chef Habyarimana qui la fonde en 1973, après d'autres massacres de Tutsis. La politique officielle est alors le développement du pays, politique qui tranche en apparence avec la première République. À cet effet, d'une part le pouvoir bascule géographiquement dans la province du chef de l'Etat, d'autre part, un partenariat avec l'Église et des assistances étrangères permet cette politique. Si, de prime abord, la division raciale ne semble pas apparaître aussi nette que sous Kayibanda, C. Braeckman note l'existence de quotas et une interdiction pour les Tutsis de s'inscrire à l'université[86]. Pour Jean-Pierre Chrétien, l'ethnisme est « au quotidien »[87].

1.11 Le génocide, printemps 1994, 800 000 victimes

L'élément déclencheur est l'attentat du 6 avril 1994 contre l'avion où se trouvait le président Habyarimana et son homologue du Burundi voisin. La fin du génocide se situe lors de la prise du pouvoir par le FPR (Front patriotique rwandais, tutsi, dont le chef est Paul Kagame) en juillet 1994. Cependant, durant les années qui vont suivre, des massacres se poursuivront entre les réfugiés, souvent bourreaux lors du génocide, qui vont revenir au Rwanda et les Tutsis rescapés.

---

86 BRAECKMAN Colette 1994, *op. cit.*, p. 83-84.
87 CHRETIEN Jean Pierre, 2003, *op. cit.*, p. 270.

Ainsi, après l'attentat, le FPR entame sa marche vers la capitale, les forces gouvernementales du FAR (forces armées rwandaises, hutues) et les milices extrémistes hutues « interhamwe » procèdent à l'exécution des Tutsis. Mais comme l'écrit C. Braeckman : « Si efficaces, si déchaînés qu'ils aient été, miliciens et militaires n'auraient pas pu, à eux seuls, atteindre un tel résultat. La réalité, c'est que tout le monde ou presque a tué, et bon nombre de ceux qui ne l'ont pas fait l'ont payé de leur vie. »[88].

Plusieurs éléments du génocide sont à analyser. Tout d'abord, la durée, très courte : un peu plus de trois mois, et l'intensité des violences très élevée sont les caractéristiques majeures pour la qualification de génocide. La durée et l'intensité sont alors des indicateurs importants qui amènent à penser à la planification des tueries. L'aspect « méthodique » des massacres sera évidemment abordé lors des procès du TPIR. Un autre élément est la réaction (ou l'absence de réaction) de la communauté internationale à court, moyen et long terme. Ainsi, à court terme, lors des massacres, les témoignages de journalistes existent, mais la réaction (envoi de troupes militaires) est trop tardive. À moyen terme, des troupes sont envoyées notamment afin de prendre en compte les camps de réfugiés. Cependant, les violences continueront bien après le génocide, jusqu'en 1998, et même encore aujourd'hui (comme nous l'avons indiqué avec l'Institut des conflits d'Heidelberg). Parallèlement à un déploiement militaire (engagé par seulement quelques nations, le rôle des États-Unis serait à étudier de près), une prise de conscience juridique et humaniste prend place : il s'agit de la qualification des massacres de 1994 par le terme de « génocide », que nous étudierons sur le plan purement juridique dans notre troisième partie. Sur le long terme, l'aspect juridique est présent : le TPIR en 2009 existe toujours et poursuit ses travaux. Sur le plan de la mémoire (historique), la communauté internationale apparaît peu présente, même si des travaux, notamment universitaires, sont publiés, ou si des revues poursuivent cette action (comme la *Revue d'histoire de la Shoah* en 2009). Cet élément, la considération de la

---

88 BRAECKMAN Colette, 1994, *op. cit.*, p. 236.

communauté internationale, est important dans l'étude du génocide. En effet, à l'heure d'un monde se voulant « globalisé », il semblerait alors, que cette globalisation ne porte que sur certains domaines, connexes à l'aspect économique et financier, et qu'en dehors de ces domaines économique et financier, la globalisation n'existe pas. Dans notre approche anthropologique, il n'est nullement fait mention d'enjeu économique et financier au Rwanda. Très peu d'analyses ont été effectuées sur l'enjeu économique du génocide, car celui-ci semble totalement restreint et peu pertinent dans une analyse du génocide. Néanmoins, si les enjeux économiques sont peu présents (concernant les ventes d'armes, voir le rapport Quilès de 1998), il n'en reste pas moins que la communauté internationale avait, et a un rôle à jouer dans ce génocide : rôle d'action humanitaire, rôle de prévention du conflit, rôle juridique (qui existe avec le TPIR, nous le verrons par la suite), rôle de mémoire historique (qui doit apparaître aujourd'hui). Concernant le rôle de la France, si certaines polémiques ont eu lieu (quels éléments connaissaient les états majors d'avant 1994, sur la probabilité d'un génocide, une intervention aurait-elle pu être effectuée dès avril 1994...), c'est en 1998 que le rapport Quilès tente d'apporter des réponses, d'éviter les fausses polémiques et d'établir la pertinence des actions militaires et humanitaires françaises au Rwanda. Quelle que soit l'analyse apportée sur ce rapport et sur l'intervention française, ce qui est important de rappeler en premier lieu, c'est que la France est intervenue. Elle est intervenue dans des conditions très difficiles et tendues. Il est difficile de se préparer réellement à ce genre d'épreuves : massacres, charniers, vision d'horreur, et ce, nul ne peut le blâmer.

Quelques mots sur la présence de la France au Rwanda: « L'engagement de la France au Rwanda est donc issu des conditions dans lesquelles ce pays a eu accès à l'indépendance. Mais il fallait aussi que le Rwanda fût francophone et voisin du Zaïre. Géographiquement, le Rwanda dispose en effet d'une frontière commune avec l'Est du Zaïre immensément riche en ressources minières (uranium, cobalt, diamants...) et constitue de ce fait un poste d'observation privilégié des évolutions de cette région. »[89]. Ainsi, deux aspects apparaissent : « La présence de la France au Rwanda répondrait donc au double souci de défendre, d'une part, ce que certains ont qualifié de " *ligne Maginot linguistique* ", d'autre part, de faire face à l'influence anglo-saxonne, celle des Britanniques à l'origine, celles des Etats-Unis par la suite. Ce dernier aspect doit être envisagé avec la plus grande circonspection car il n'est pas possible d'affirmer qu'il y a eu opposition ou contradiction d'intérêt entre la France et les Etats-Unis à propos du Rwanda, faute notamment de pouvoir le prouver. »[90].

Ensuite, poursuivant dans ce rapport, il est important de le noter, comme nous l'avons mentionné, la communauté internationale ne prend pas de décisions suffisantes : « L'esprit général qui préside au vote de la résolution 872 était qu'il fallait aider les Rwandais, mais au coût le plus bas possible, et sans être entraîné dans un conflit prolongé. »[91].

Enfin, toujours sur ce rapport, six propositions vont être émises : accroître la transparence des mécanismes de gestion de crises internationales, améliorer le contrôle du parlement sur les opérations militaires en dehors du territoire national, approfondir la réforme de coopération avec les pays africains, contribuer efficacement à la sécurité africaine, améliorer l'efficacité des opérations de maintien et de rétablissement de la paix de l'ONU, et établir une juridiction internationale. Nous reviendrons en détail sur ce dernier point, qui est, en 2009, celui qui reste le plus pertinent, malgré les objections qui peuvent être formulées.

Ayant abordé le rôle de la communauté internationale, nous allons revenir sur l'aspect de durée et d'intensité. Si nous devions qualifier ce génocide, le terme idoine est celui de « paroxysme » dans la violence. Cet aspect paroxystique est surtout évalué à travers les témoignages de survivants, à travers les enquêtes journalistiques qui ont eu lieu, à travers les images et vidéos (peu nombreuses) lors du génocide et de l'après génocide.

89 Rapport Quilès, 1998.
90 Rapport Quilès, 1998.
91 Rapport Quilès, 1998.

Dans *L'Express* du 2 juin 1994, l'envoyé spécial Vincent Hugueux note : « La cour du centre paroissial de Nyamata (sud de Kigali) est jonchée de vestiges du massacre. Une canne, une pipe, un chapelet, des chaussures. Et cette carte d'identité dont le vert a pâli. A sa lecture, on apprend que la gracieuse Rushashi est née en 1966. Et qu'elle ne fêtera sans doute jamais ses 30 ans : à la rubrique ethnic, on a rayé les mentions inutiles ; ne reste que T pour Tutsi. » Témoignage difficile, qui montre l'approche institutionnelle de l'ethnisme dans la seconde République du Rwanda : la marque sur la carte d'identité de l'appartenance à telle ou telle ethnie. Concernant les massacres, dans ce même article, l'envoyé spécial interroge un directeur de collège : « La plupart sont morts. J'ai vu des enseignants diriger la tuerie. ». Difficile de savoir si ces tueries étaient planifiées avant avril 1994. Il n'en reste pas moins, selon les témoignages, qu'une certaine organisation a dû apparaître avec, pour multiples chefs, les gens du peuple que rien ne prédisposait à une telle ignominie, comme ces enseignants. Ce qui choque, et que l'on retrouvera lors des procès du TPIR, c'est cette possibilité pour un tout un chacun de se transformer en tueur. Même lors du début de la mission Minuar (Mission des Nations unies pour l'assistance au Rwanda), Vincent Hugueux l'expose dans *L'Express* du 30 juin 1994 : « Dans ce pays emporté par la démence, où des prêtres dévoyés prêchent le meurtre, l'arme à la main, il n'y a ni pardon, ni repentir. Parmi les fidèles endimanchés sortant en grappes joyeuses de la messe de 8 heures, combien de criminels ? ». La difficulté que vont rencontrer le TPIR et la justice locale rwandaise à l'issue de 1994 est non seulement de trouver les génocidaires, mais aussi de savoir s'il est possible de tous les juger. Aiguisé par la haine raciale, tout être humain peut-il ainsi se transformer en génocidaire ? Est-ce une rancœur profonde et réelle soutenue par la volonté d'extinction d'une ethnie ? Est-ce tuer pour ne pas être tué ? Certainement, cette dernière question a été primordiale. Devenir bourreau, pour ne pas être victime, peut-on alors tuer par peur ? Nous reprendrons ces questions lors des approches juridiques et philosophiques dans les parties suivantes.

D'autres témoignages affluent de la part des journalistes de terrain, comme celui du 28 mai 1994 publié dans *Le Point* : « Les massacres de femmes et d'enfants ont démarré tout de suite. On voyait des groupes de civils qui s'organisaient et se lançaient dans une chasse aux Tutsis. » (article signé Mireille Duteil).

Le génocide, ce sont les massacres, mais ce sont aussi les camps de réfugiés, comme à Goma. Toujours dans *L'Express* (du 28 juillet 1994), Christian Hoche parle de « l'horreur du monde » : « Par centaines de milliers, ils ont fui la guerre et ses massacres. Les épidémies les ont rattrapés. Le choléra surtout, qui fauche les plus faibles, ceux qui n'ont plus la force de se traîner. » Cette situation difficile va perdurer. Les organisations internationales humanitaires n'auront pas la tâche facile. Le nombre d'orphelins est aussi sans commune mesure. Les chiffres, comme celui du nombre de victimes, resteront aléatoires, aujourd'hui encore. 800 000 victimes mais peut-être 900 000, peut-être plus. La seule signification à donner à ces chiffres est l'ampleur du génocide, ce paroxysme.

Enfin, plusieurs notions ont été abordées comme dans le rapport Quilès ou des ouvrages généraux sur le sujet, il s'agit de l'état économique, démographique et social du pays au début des années 1990. Le Rwanda était alors un pays pauvre dont l'objectif politiquement affiché (mais pas exécuté) était le développement. Il s'agissait aussi d'un pays avec une démographie élevée. Il s'agissait enfin d'un pays où l'Église avait un rôle important. Les difficultés présentées (économie faible, démographie trop forte), ont certainement été un catalyseur qui a amplifié les violences. Quant à l'Église, le rôle des prêtres (certains prêtres) dans les tueries organisées a été établi. L'influence de l'Église a certainement permis de canaliser les massacres dans un but ethnique. Lors de notre étude de la jurisprudence du TPIR, nous tenterons de mettre en exergue ces faits.

Pour tenter de comprendre le déroulement de ce génocide, il faut mentionner la géographie et la topologie du pays. Il s'agit d'un petit pays (un peu plus de 26 000 km^2), enclavé entre l'actuelle République démocratique du Congo (RDC), le Burundi, la Tanzanie et l'Ouganda. L'élément important est le lac Kivu. La population avant le génocide était d'environ sept millions d'habitants (pour un peu plus de 10 millions actuellement en 2009). La pluviométrie annuelle est élevée dans l'ouest du pays (à la frontière avec la RDC). Les villes principales sont Kigali (capitale), Butare dans le sud ouest, Ruhengeri et Byumba au nord, Gisenyi au bord du lac Kivu, Kibungo au sud est. Le pays est souvent appelé « pays aux mille collines ». Le relief comprend des altitudes variant majoritairement entre 1400 et 1800 mètres comme à Kigali (environ 1400 mètres), mais des chaînes volcaniques sont beaucoup plus élevées. Les « mille collines » ont chacune un nom. La structure géographique de ce pays a fait qu'il a été parfois nommé « la Suisse africaine » comme le mentionne Jean-Pierre Chrétien[92]. Une faune particulière y est associée, comme les gorilles, étudiés notamment par Dian Fossey (éthologue américaine, décédée en 1985).

La topologie du pays étant très particulière, les moyens de communication entre génocidaires ont donc été spécifiques. En l'occurrence, la radio, (comme la Radio des mille collines : RTML, un cas de plaider-coupable sera étudié dans notre troisième partie) a été le moyen de propagation des théories racistes et a incité à prendre les armes. Mais des moyens plus locaux ont dû être mis en place. Le rôle de bourgmestres locaux, de personnages locaux ayant de l'influence est alors inéluctable. Nous l'avons vu, la durée (un peu moins de quatre mois) pour perpétrer les massacres est très courte, alors que la géographie et la topologie sont particulièrement difficiles pour pouvoir communiquer rapidement (que ce soit des armes, informations concrètes, ordres à donner), cela implique nécessairement une organisation particulière et un engagement total des génocidaires.

Le génocide est donc le paroxysme de violences et massacres dont les facteurs économiques et démographiques ainsi que sociaux ont été des catalyseurs sans en être des éléments explicatifs. La durée et l'intensité des tueries, vu la topologie du terrain, implique alors une organisation, et une

---

92 CHRETIEN Jean Pierre, 2003, *op. cit.*, p. 10.

préparation des génocidaires. La difficulté majeure est, ici, d'élaborer l'origine des génocidaires : tout un chacun s'est-il transformé en bourreau de peur d'être victime ? Ou est-ce une résolution purement raciale et extrémiste ?
Certainement les deux ont cohabité, mais comment alors les juger ? Doivent-ils être jugés différemment ? Et plus généralement, comment se pose la question de la justice lors de telles horreurs ?
Avant de voir en détail la jurisprudence du TPIR, qui nous donnera des renseignements précieux sur cet aspect du génocide, un dernier aperçu de l'étude de la violence nous paraît important.

1.12 L'étude de la violence vue par Claudine Vidal

Claudine Vidal, dans différents articles, reprend avec rigueur l'étude de cette violence paroxystique. Tout d'abord, cet article publié dans *Les Cahiers d'études africaines* en 1998 (n° 150-152), intitulé « Questions sur le rôle des paysans durant le génocide des Rwandais tutsi » veut relativiser les thèses mentionnées par les historiens sur l'engagement, passif ou actif suivant les auteurs, des paysans rwandais. L'auteur souligne le manque de sources crédibles et fiables dans l'étude de cette violence : « En réalité, il s'agit de pures hypothèses. J.-P. Chrétien a mené, il est vrai, une solide enquête sur les médias extrémistes, mais la capacité qu'il leur attribue, de rendre meurtriers des gens ordinaires, reste une supposition. ». Dans la suite de cet article, elle démontre que la plupart de ces théories sur le rôle « d'une société paysanne » n'est fondée sur aucune étude scientifiquement acceptable. Dans ce cas encore, les données manquent, une étude historique et anthropologique de la société rwandaise contemporaine ne peut alors plus être abordée avec rigueur afin d'étudier les violences lors du génocide de 1994. Il semble que les théories avancées ne posent pas les bonnes questions. Claudine Vidal le met en exergue : la société paysanne existe-t-elle en tant qu'entité réelle et non purement conceptuelle ? Voici la réponse qu'elle apporte : « Sans doute cette rareté des études est-elle à mettre en relation

avec la tendance des auteurs à envisager la paysannerie rwandaise comme un bloc socialement homogène, ce qu'elle n'a jamais été. ». Deux arguments sont mis en avant : le régionalisme mais aussi les différences internes entre paysans (certains plus riches que d'autres, donc ayant plus à perdre que d'autres). Poursuivant sur une étude de Longman de 1995 *Genocide and socio-political change : massacre in two Rwandan villages*, Claudine Vidal en déduit qu'« ils [les élites intermédiaires : autorités administratives, religieuses] voulaient à n'importe quel prix conserver leurs privilèges. ». Elle décrit que l'étude de Longman démontre que toutes les élites hutues n'ont pas participé au génocide.
Cet article de Claudine Vidal démontre à quel point il est important de prendre en considération les sources actuelles sur lesquelles sont fondées les diverses théories du pourquoi et du comment du génocide.

Dans un second article, publié en 2002 dans la revue *L'Homme*, Claudine Vidal écrit sur « l'imaginaire traditionnel perverti par le génocide ». Elle reprend le travail de Christopher Taylor *Terreur et sacrifice. Une approche anthropologique du génocide.* Elle montre qu'à travers cette étude « bien des signes faisaient penser que les partisans de la politique du pire l'emportaient un peu plus chaque jour. ». En d'autres termes, une étude anthropologique fine permettait de prévoir le génocide ou du moins un phénomène paroxystique des violences. De plus, elle ajoute « l'auteur [C. Taylor] a révélé de façon décisive que des métaphysiques traditionnelles avaient influé sur des comportements de génocide. ». Certains aspects traditionnels, comme ceux de la violence (supplices publics, tortures, comme le mentionne Taylor), ont donc pris le dessus sur d'autres pratiques précoloniales. C. Vidal mentionne le kubandwa qui a été dévoyé, mais aussi la fin du système patrilinéaire.

Mais de nombreuses questions restent posées. Si nous voyons, que même dans une période d'étude historiquement proche (1994), les données manquent pour une étude rigoureuse, nous voyons surtout que la majorité des théories, pour la plupart simplistes, ne sont en aucune manière caractéristiques de la véracité des faits de 1994. Que l'approche soit raciale - les Hutus ont assassiné les Tutsis, ou sociologique - les élites ont utilisé les paysans dans le génocide, aucune ne peut rendre compte de façon pertinente ni du pourquoi ni du comment du génocide.

1.13 Histoire - anthropologie

Nous avons voulu décrire une approche historique et anthropologique afin de donner un aperçu plus réaliste des travaux du TPIR dans une troisième partie. Il semblait aussi primordial de montrer, d'une part, que les sources utilisées dans les études sont véritablement restreintes, et d'un point de vue méthodologique, pas toujours parfaites. D'autre part, il s'agissait d'en déduire que toutes les théories abordées sur le thème des trois ethnies, sur le thème de la violence, sur le thème racial, sont, infondées, car trop souvent très simplistes. Ce qui a, certes, le mérite d'être rapidement compris, mais qui ne reflète en aucun cas la réalité, et a surtout servi comme moyen de propagande, comme déformation de l'histoire du Rwanda en général et du génocide en particulier. Or, l'étude du génocide ne peut souffrir l'approximation. Le premier élément à donner est notre ignorance sur l'ensemble des évènements et sur la totalité de l'histoire de ce pays. Le second est une volonté d'étudier et de comprendre mais qui ne peut rester que parcellaire. En effet, les preuves historiques et anthropologiques sont trop minces pour pouvoir faire des théories générales. Mais les auteurs qui le mentionnent sont trop peu nombreux. Comment alors est-il possible de décrire une histoire et une anthropologie du Rwanda ancien ou contemporain sans fondement rigoureux, ni sans honnêteté intellectuelle ?

Après avoir abordé l'histoire et une approche anthropologique du Rwanda ancien et actuel, jusqu'au génocide de 1994, nous allons revenir en détail sur la théorie philosophique de la reconnaissance, développée par Axel Honneth. Nous essaierons d'entreprendre une extension de cette théorie au crime de génocide. Crime qui sera alors étudié en détail dans la dernière partie de cet ouvrage, avec l'approche juridique.

2
Approche philosophique

2.1 Introduction à la théorie de la reconnaissance

Axel Honneth a initié depuis ces vingt dernières années cette théorie de la reconnaissance.
Cette dernière prend corps à partir de la philosophie hégélienne. Dans l'un de ces premiers écrits : *System der Sittlichkeit*, en 1802, Hegel (1770-1831) entreprend la réalisation d'une éthique absolue. Les rapports entre individus sont donc au centre de l'œuvre de Hegel. Il expose : « mais ce qui est vraiment l'universel, c'est l'intuition, tandis que le vraiment particulier est le concept absolu. Chacun doit donc être opposé à l'autre, une fois sous la forme de la particularité, l'autre fois sous la forme de l'universalité : il faut qu'une fois l'intuition soit subsumée sous le concept, et que l'autre fois le concept soit subsumé sous l'intuition. »[93] Taminiaux mentionne que Hegel, dans la première partie principale de son ouvrage, souligne la multiplicité des individus. Au fil du raisonnement, cette multiplicité doit atteindre un tout unique, l'Etat, au sein duquel la vie éthique a lieu. « Dans le premier moment, Hegel envisage le niveau naturel de la vie éthique. A ce niveau, il y a prédominance de la multiplicité sur l'unité, c'est-à-dire subsomption de l'intuition sous le concept. Il s'y agit donc non pas encore de l'unité intuitive d'un peuple, mais de la multiplicité des individus. L'activité de chacun de ceux-ci est certes animée par la puissance d'unification qui, en dernière instance, est la vie éthique absolue elle-même. »[94].
Cette philosophie hégélienne est reprise comme commencement historique d'une théorie de la reconnaissance par Honneth : « La

---

93 HEGEL Friedrisch, 1802, 1976, *Système de la vie éthique,* Payot, Paris, traduction et présentation par TAMINIAUX Jacques, p. 109.

94 TAMINIAUX Jacques, 1976, Introduction, In : HEGEL Friedrich, 1802, 1976, *Système de la vie éthique,* Payot, Paris, p. 47.

singularité de cette approche tient d'abord à la thèse hégélienne selon laquelle il faut distinguer trois formes de reconnaissance dès lors que les conditions intersubjectives de l'apparition de la conscience de soi ont été mises à jour. »[95].

Ces trois formes de reconnaissance de Hegel sont :

-reconnaissance juridique
-reconnaissance « dans l'amour »
-reconnaissance « dans l'Etat », dans un but de « reproduction de l'ordre social ».

Dans son chapitre « le négatif ou la liberté ou le crime », Hegel pose la négation de la reconnaissance comme violation du droit : « Laisser ainsi subsister la déterminité mais annihiler l'indifférence de la reconnaissance, c'est là une violation du droit, dont la manifestation en tant qu'elle est une annihilation réale de la reconnaissance est aussi une rupture de la relation de la déterminité au sujet; car la reconnaissance reconnaît justement cette relation, qui en soi est seulement idéelle, comme une relation réale; il est par là équivalent que le sujet se soit effectivement associé de manière indivisible et absolue la déterminité, ou que l'association ne soit posée qu'en relation relative avec lui, dans la forme, dans la possibilité; par la reconnaissance la relation relative elle-même devient indifférente, et sa subjectivité devient en même temps objective. La suppression réale de la reconnaissance dépasse aussi cette relation; et elle est spoliation, ou en tant qu'elle vise purement l'objet avec lequel il y a relation au vol. »[96].

Les travaux de Hegel apparaissent fondamentaux pour Honneth : « Mais c'est seulement durant les années passées comme jeune professeur de philosophie à Iéna qu'il essaie de s'acquitter de cette tâche en élaborant un instrument théorique dont le principe interne déborde l'horizon institutionnel de son époque et prend une distance critique à l'égard de la forme établie du pouvoir politique. Hegel est alors convaincu que la

95 HONNETH Axel, 1996, *op. cit.*, p. 1273.
96 HEGEL Friedrisch, 1802, 1976, *op. cit.*, p. 150.

lutte des sujets pour la reconnaissance mutuelle de leur identité produit au sein de la société un mouvement tendant irrésistiblement à établir sur le plan politique et pratique des institutions garantes des libertés (...). »[97]. En effet, dans ses écrits ultérieurs, la reconnaissance sera plus marquée, comme il le fait dans son ouvrage de 1802.

En particulier dans *La philosophie du droit,* « il s'agit de faire advenir la liberté de la volonté comme une nécessité intellectuelle, et non comme le caprice arbitraire de l'affectivité. »[98].

Les premiers travaux de Hegel sont donc essentiels, en particulier son ouvrage de 1802.

Plus que la vision politique de Hegel, Honneth va élaborer une théorie pour la philosophie morale, qui va aussi se décliner sous trois formes de la reconnaissance.

« On voit que le point de vue moral n'englobe pas seulement un, mais trois modes de reconnaissance indépendants les uns des autres : A/ Pour ce qui concerne la première étape d'un rapport pratique à soi-même, l'être humain particulier est reconnu comme un individu dont les besoins et les souhaits ont pour une autre personne une valeur unique; pour ce type de reconnaissance, qui a le caractère d'un dévouement inconditionnel, on trouve dans la tradition de la philosophie morale des concepts comme la bienveillance ou l'amour. B/ Au deuxième palier de son rapport pratique à soi-même, le particulier est reconnu comme une personne ayant la même capacité de discernement moral que toutes les autres ; pour ce type de reconnaissance, qui s'applique à tous universellement, le concept de « respect moral », issu de la tradition kantienne, a aujourd'hui droit de cité. C/ Au troisième palier de son rapport à soi-même, enfin, le particulier est reconnu comme une personne dont les capacités ont une valeur constitutive pour une communauté concrète ; pour ce type de reconnaissance, qui

---

97 HONNETH Axel, 2008, *La lutte pour la reconnaissance,* Cerf, Paris, traduction RUSCH Pierre, p. 10.

98 VIEILLARD-BARON Jean-Louis, 1999, Introduction, In HEGEL Friedrich, 1821, 1999, *Principes de la philosophie du droit,* GF Flammarion, Paris, traduction et notes VIEILLARD-BARON Jean-Louis., p. 49.

revêt le caractère d'une estime particulière, la tradition philosophique ne fournit pas de concepts moraux adéquats ; mais il peut être tout à fait judicieux de recourir ici à des catégories comme la « solidarité » ou la « loyauté ». »[99].

La philosophie sociale est le cœur de l'application de la théorie de Honneth : « La philosophie sociale moderne est née au moment où l'on a commencé à comprendre la vie en société comme une relation fondée sur la lutte pour l'existence »[100]. Bien avant les théories darwiniennes, Honneth remonte à Machiavel, puis Hobbes, mais aussi Fichte, pour marquer la césure entre une théorie originellement aristotélicienne fondée sur la *polis*, qui se détachera donc de la vie publique pour aboutir à cette lutte. En effet : « Cette dynamisation du modèle fichtéen de la reconnaissance dans le cadre d'une théorie du conflit permet à Hegel de donner une première détermination du potentiel intérieur de l'éthicité humaine, et d'en concrétiser en même temps le développement « négatif ». Il y parvient en réinterprétant le modèle d'une lutte originelle de tous contre tous, par lequel Hobbes, à la suite de Machiavel, avait inauguré l'histoire de la philosophie sociale moderne : si les sujets doivent abandonner et dépasser un premier niveau de relations éthiques où leur identité particulière ne se trouve pas pleinement reconnue, alors la lutte qui s'instaure ne peut avoir pour objet la simple conservation de leur être physique. »[101].

La vision hégélienne de la reconnaissance va être poursuivie au XIXème siècle par George Herbert Mead, pour Honneth, par l'autoréalisation : « La solution que vise Mead consiste à lier l'autoréalisation individuelle à l'expérience d'un travail socialement utile : un sujet qui remplit « bien » la fonction qui lui est assignée dans le cadre de la division sociale du travail trouve un degré de reconnaissance qui suffit à lui donner conscience de sa particularité. Relativement aux conditions dont dépend le respect de soi, il s'ensuit qu'un individu n'est capable de se respecter pleinement lui-même que s'il peut identifier, dans la distribution objective des fonctions,

99 HONNETH Axel, 1996, *op. cit.*, p. 1276.
100 HONNETH Axel, 2008, *op. cit.*, p. 13.
101 *Ibid.*, p. 27.

la contribution positive qu'il apporte à la reproduction de la communauté.»[102].

Sur ces positions historiques, Honneth fonde une théorie triptyque : l'amour, le droit, la solidarité. Ces trois formes de reconnaissance correspondent à trois modes de la reconnaissance : la sollicitude personnelle, la considération cognitive, et l'estime sociale. Les relations pratique-à-soi sont : la confiance en soi, le respect de soi et l'estime de soi. Ces relations s'opposent alors aux différentes formes de mépris : les sévices et violences, la privation de droits et l'exclusion, l'humiliation et l'offense[103]. Enfin, Honneth met en parallèle les trois formes d'identité menacée : l'identité physique pour la forme de reconnaissance de l'amour ; l'intégrité sociale pour la forme de reconnaissance du droit ; l'honneur, la dignité pour la solidarité.

Nous reviendrons ultérieurement sur ces trois formes de reconnaissance ainsi que sur les formes de mépris et de menace d'identité associées, en essayant d'appliquer cette théorie au génocide rwandais. En effet, Honneth ne mentionne pas les limites de son étude. S'il aborde clairement le point de vue de la philosophie sociale, il n'évoque pas la possibilité d'une application dans le domaine de la philosophie du droit plus généralement, et dans le domaine du droit international pénal (spécifiquement sur le génocide). Il conviendra donc de mettre en lumière si cette théorie en trois volets est pertinente, si elle nécessite une extension, une modification ou si elle doit être alors refondée pour ce sujet précis.

Un dernier élément apparaît intéressant quant à la vision de Honneth : il analyse les « perspectives de philosophie sociale » au XIXème et au XXème siècles par les trois personnages suivants : Marx, Sorel et Sartre. Il est assez surprenant, de prime abord, de voir apparaître Sartre à la suite de Sorel. Honneth, d'ailleurs, le concède : « Jean-Paul Sartre, le troisième représentant du mouvement de pensée qui nous

---

102 *Ibid.*, p. 107.

103 Voir le tableau récapitulatif dans: HONNETH Axel, 2008, *op. cit.*, p. 159.

intéresse ici, ne s'est jamais référé qu'avec le plus grand dédain à l'œuvre de Sorel ; dans ses derniers écrits, il n'en partage pas moins avec celui-ci la conviction théorique que les conflits sociaux doivent au premier chef être compris comme l'effet d'une perturbation des rapports de reconnaissance entre des acteurs collectifs. Ce modèle d'interprétation – qui intervient surtout dans ses analyses politiques et ses écrits d'actualité -, ce n'est certes qu'au terme d'un long travail de réélaboration que Sartre est parvenu à le dégager du cadre existentialiste de sa première philosophie. Dans sa grande œuvre de jeunesse, *L'Etre et le Néant*, Sartre était encore tellement convaincu de l'impossibilité principielle d'une interaction réussie entre les hommes, qu'il n'aurait pu intégrer la perspective d'un dérèglement seulement relatif à la communication sociale. »[104].

La philosophie sartrienne, emblématique du XXème siècle, faisant suite aux développements mentionnés par Honneth, reste un élément majeur pour le travail sur le génocide rwandais que nous souhaitons mettre en exergue. En effet, l'existentialisme a un retentissement aussi bien sur le plan philosophique que sur le plan politique, que ce soit à l'époque des années 1960 et ultérieures, ou actuellement. Ce point doit être donc débattu avec Honneth : y a-t-il une théorie de la reconnaissance chez Sartre, notamment dans ses écrits politiques et philosophiques, existe-t-il une continuation, un approfondissement de Hegel et de Mead ? De plus, Honneth conclut sur Sartre : « Aussi Sartre n'est-il pas plus que Sorel parvenu à accorder au formalisme du droit bourgeois la valeur morale que l'on met en évidence quand on distingue, avec Hegel et Mead, les trois degrés de la « lutte pour la reconnaissance ». »[105] Puis il poursuit : « (…) Sartre, enfin, avec son concept de «névrose objective », a dégagé une perspective dans laquelle il semble possible de déchiffrer l'ensemble des structures de domination comme une pathologie des relations de reconnaissance. »[106].

104 *Ibid.*, p. 186-187
105 *Ibid.*, p. 190.
106 *Ibid.*

Sartre ne voit-il dans l'absence de reconnaissance qu'une « névrose » ? L'existentialisme laisse-t-il une place à la reconnaissance ?

2.2 La reconnaissance chez Jean-Paul Sartre

Honneth cite plusieurs textes de Sartre pour son argumentation notamment deux d'entre eux sont fondamentaux pour entrevoir le contexte exact dans lequel ils ont été écrits, et pour savoir quelle est la réelle pertinence de l'argumentation de Honneth à ce sujet. Les deux textes sont : *Les damnés de la terre* et *Réflexion sur la question juive.*

Concernant le premier texte, probablement moins connu, car publié ultérieurement dans *Situations V*, mais non réédité récemment, Contat et Rybalka mentionnent qu'il s'agit d'une préface de l'ouvrage de Frantz Fanon, publié en 1961 dans la collection « Cahiers libres », dont des extraits sont parus dans *Jeune Afrique*. Puis, le volume est paru en 1968 dans la « Petite collection Maspero » qui comprend un addendum avec le texte de Sartre[107]. Ce texte est ensuite publié dans *Situations V*, ouvrage auquel nous ferons référence. Voici ce que mentionnent les disciples de Sartre au sujet de ce texte : « « Fanon avait demandé à Sartre une préface pour *Les damnés de la terre*, dont il lui avait fait remettre par Lanzmann un manuscrit. Sartre avait réalisé à Cuba la vérité de ce que disait Fanon : dans la violence, l'opprimé puise son humanité. Il fut d'accord avec son livre : un manifeste du tiers-monde, extrême, entier, incendiaire, mais aussi complexe et subtil ; il accepta volontiers de le préfacer. » (*La Force des choses*, p. 619). Simone de Beauvoir, dans les pages qui suivent cette citation, fait un portrait attachant et assez fascinant de Fanon, médecin martiniquais et membre du gouvernement provisoire algérien, qu'elle et Sartre rencontrèrent à Rome en juillet 1961 et dont la forte personnalité les frappa beaucoup. Atteint de leucémie, il devait mourir dans un hôpital à Washington à la fin de l'année. Sartre

107 CONTAT Michel, RYBALKA Michel, 1970, *Les écrits de Sartre,* NRF, Gallimard, Paris, p. 360.

eut à Rome de longs entretiens avec ce théoricien aujourd'hui célèbre de la révolution des pays colonisés. Sa préface, datée de septembre 1961, est un des textes les plus violents qu'il ait écrits. On y trouve la formulation la plus radicale et littérairement la plus efficace d'une position qu'il avait prise dès 1959 (…), celle de la solidarité politique et pratique avec les combattants algériens. Cette position est ici généralisée à l'ensemble des luttes des pays sous-développés et on peut dire que, par leur grand retentissement, la préface de Sartre et le texte de Fanon ont contribué pour une part importante à créer en France le « tiers-mondisme » de la jeunesse intellectuelle révolutionnaire. »[108].

Les références sartriennes de Honneth doivent donc d'être replacées dans un contexte historique que l'auteur ne fait pas clairement apparaître. Sartre s'oppose alors au néo-colonialisme français, en pleine guerre d'Algérie.

Nous reviendrons sur ce contexte et la signification d'un argumentaire sur la théorie de la reconnaissance que l'on peut en tirer.

Mais tout d'abord, explorons le second texte cité par Honneth, texte important sur *La question juive* au lendemain de la Shoah.

Des fragments de ce texte ont été publiés en premier dans les *Temps modernes* en 1945. Puis le volume est publié une première fois en 1946, réédité par Gallimard en 1954 et en 1961 notamment.

Contat et Rybalka commentent : « L'un des plus célèbres de Sartre, cet essai est devenu un classique pour quiconque se préoccupe du problème juif et il a sans nul doute contribué à faire prendre de celui-ci une conscience plus claire (…) Sartre, aujourd'hui[109], estime cependant ce livre partiel en plusieurs points et il a déclaré dans une interview datant de 1966 : *Les insuffisances me sautent aux yeux. Je devais traiter le problème d'un double point de vue, historique et économique. Je m'en suis tenu à une description phénoménologique. (...) Mais je ne crois pas que mes conclusions changeraient*

108 *Ibid.*, p. 360-361.

109 Nous sommes en 1970.

beaucoup. (...) »[110]. Puis les deux auteurs exposent : « les réactions juives à cet essai ont été, en général, assez partagées. »[111]. Effectivement, le débat sur l'antisémitisme sartrien sera directement lancé. Mais Sartre se défendra de tout antisémitisme, en admettant de ne pas avoir traité le problème selon un point de vue idoine.

Simone de Beauvoir donne un éclairage particulièrement intéressant sur le texte de Sartre : « Certes, Sartre était encore loin d'avoir compris la fécondité de l'idée dialectique et du matérialisme marxiste ; les œuvres qu'il publia cette année-là le prouvent. Sa préface aux *Ecrits intimes* de Baudelaire, écrite deux ans plus tôt, est une description phénoménologique : il y manque l'étude psychanalytique qui eût expliqué Baudelaire à partir de son corps et des faits de son histoire. Les *Réflexions sur la question juive* assouplissent et enrichissent par un constant recours au social la méthode phénoménologique : les bases concrètes d'une histoire de l'antisémitisme leur font défaut. »[112].

Le contexte de ces deux textes est donc très particulier : la Shoah pour l'un, la guerre d'Algérie pour l'autre. La reconnaissance peut-elle s'insérer dans cette approche comme le mentionne Honneth ?

Des liens communs peuvent être établis. Tout d'abord, il y a la condition humaine. Certes, Sartre se reproche dans le texte de 1946 de n'avoir pas traité les points de vue historique et économique, mais l'aspect phénoménologique est au fond intéressant. Qu'est-ce que la phénoménologie ? « Au sens que lui a donné Husserl, son fondateur, la phénoménologie est l'étude des phénomènes. Le phénomène étant ce qui apparaît, la phénoménologie sera l'étude des modes d'apparition des phénomènes, donc des relations entre l'apparaissant et celui à qui il apparaît. Le premier mot d'ordre de la phénoménologie consiste à réapprendre à voir les phénomènes comme ils sont, c'est-à-dire comme ils apparaissent, en faisant abstraction de

---

110 *Ibid.*, p. 140.

111 *Ibid.*

112 BEAUVOIR Simone de, 1963, *La force des choses,* NRF, Gallimard, p. 56-57.

toutes nos connaissances et de tous nos préjugés, scientifiques, culturels ou philosophiques, qui substituent des catégories apprises à ce que l'expérience par elle-même sur elle-même. »[113]. S'il apparaît incongru d'évoquer la question juive sous un aspect phénoménologique au lendemain de la Shoah, cette initiative marque néanmoins la volonté de la compréhension d'autrui, fondamentale pour la théorie de la reconnaissance.

Le texte sur le néo-colonialisme est aussi tout à fait évocateur à ce sujet, mais le contexte fortement politique de cette époque, ne permet pas de faire ressortir clairement des arguments en faveur de la théorie de la reconnaissance : car le but de Sartre tient beaucoup plus à la diffusion internationale de la vision anti-néo-colonialiste. Les écrits politiques de Sartre sont-ils, au fond, le meilleur exemple d'utilisation de la pensée du XIXème siècle pré-établissant la théorie de Honneth ?
Qu'est-ce que la reconnaissance pour Sartre ?
Nao Sawada écrit : « Comment pouvoir reconnaître la liberté d'autrui ? Tel était le point crucial de la morale existentialiste fondée sur la liberté plutôt individuelle et individualiste du pour-soi exposée dans *L'Etre et le Néant.* Ainsi pour sortir de la relation conflictuelle, la possibilité de la reconnaissance de la liberté d'autrui est recherchée au cours des *Cahiers pour une morale* et de la *Critique de la Raison dialectique* sous la forme de la réciprocité, à l'aide du concept hégélien mais également sous d'autres aspects plus originaux liés à la compréhension, l'appel ou la générosité. »[114]. Puis l'auteur conclut : « En ce sens, il faut dire que la reconnaissance de l'autre liberté reste chez Sartre au stade d'un postulat éthique. »[115].

Si comme le mentionnait Honneth, les écrits de jeunesse (notamment *L'Etre et le Néant*) ne paraissent pas pertinents pour la théorie de la reconnaissance, en revanche, les

113 COOREBYTER Vincent de, 2004, Phénoménologie, In : NOUDELMANN François et PHILIPPE Gilles, sous la direction de, 2004, *Dictionnaire Sartre,* Honoré Champion, Paris, p. 379.

114 SAWADA Nao, 2004, Reconnaissance, In : NOUDELMANN François et PHILIPPE Gilles, sous la direction de, 2004, *Dictionnaire Sartre,* Honoré Champion, Paris, p. 416.

115 *Ibid.*

écrits des années 1960, écrits philosophiques, peuvent apporter un éclairage précieux, plus que les écrits politiques. Car en effet, la vision anti-néo-colonialiste est difficilement interprétable sans son contexte politique et historique très particulier du début des années 1960. Il sera donc très difficile de reprendre cette vision dans une théorie de la reconnaissance, qui s'insère dans un monde globalisé, sans guerre froide, en l'absence d'abords néo-colonialistes, qu'ils soient avérés ou non. Reprenons plus en détail les références données par Honneth sur Sartre concernant la « névrose obsessionnelle ».

« Ajoutez, pour quelques malheureux rigoureusement sélectionnés, cette autre possession dont j'ai parlé plus haut : la culture occidentale. A leur place, direz-vous, j'aimerais encore mieux mes zars que l'Acropole. Bon : vous avez compris. Pas tout à fait cependant car vous n'êtes pas à leur place. Pas encore. Sinon vous sauriez qu'ils ne peuvent pas choisir : ils cumulent. Deux mondes, ça fait deux possessions : on danse toute la nuit, à l'aube on se presse dans les églises pour entendre la messe ; de jour en jour la fêlure s'accroît. Notre ennemi trahit ses frères et se fait notre complice ; ses frères en font autant. L'indigénat est une névrose introduite et maintenue par le colon chez les colonisés *avec leur consentement*. »[116] La préface de Sartre est très violente dans sa forme littéraire, la colonisation apparaît dans tout le texte comme une pathologie psychiatrique. Pathologie psychiatrique de la part des colonisés, dont l'étiologie principale est le colon, et la symptomatologie, la violence. Cette violence, symptomatique, représente aussi, par son expression, le traitement de la névrose. « Elles auront profit à lire Fanon ; cette violence irrépressible, il le montre parfaitement, n'est pas une absurde tempête ni la résurrection d'instincts sauvages ni même un effet du ressentiment : c'est l'homme lui-même se recomposant. Cette vérité, nous l'avons sue je crois, et nous l'avons oubliée : les marques de la violence, nulle douceur ne les effacera : c'est la violence qui peut seule

---

116 SARTRE Jean-Paul, 1964, *Situations, V, colonialisme, néo-colonialisme*, NRF, Gallimard, p. 181.

les détruire. Et le colonisé se guérit de la névrose coloniale en chassant le colon par les armes. »[117].

Dans ce même texte, nous retrouvons une partie des origines philosophiques historiques de Sartre (qui s'oppose d'ailleurs à Sorel, auteur donné en exergue par Honneth, et comme celui-ci l'évoquait) : « Et voici la seconde raison : si vous écartez les bavardages fascistes de Sorel, vous trouverez que Fanon est le premier depuis Engels à remettre en lumière l'accoucheuse de l'Histoire. Et n'allez pas croire qu'un sang trop vif ou que des malheurs d'enfance lui aient donné pour la violence je ne sais quel goût singulier : il se fait interprète de la situation, rien de plus. Mais cela suffit pour qu'il constitue, étape par étape, la dialectique que l'hypocrisie libérale vous cache et qui nous a produits tout autant que lui. »[118].

La position sartrienne est très limpide dès le début du texte : « La violence coloniale ne se donne pas seulement le but de tenir en respect ces hommes asservis, elle cherche à les déshumaniser. Rien ne sera ménagé pour liquider leurs traditions, pour substituer nos langues aux leurs, pour détruire leur culture sans leur donner la nôtre ; on les abrutira de fatigue. Dénourris, malades, s'ils résistent encore la peur terminera le *job* : on braque sur le paysan des fusils ; viennent des civils qui s'installent sur sa terre et le contraignent par la cravache à la cultiver pour eux. »[119].

Dans sa conclusion, passage non relevé par Honneth, Sartre file toujours sa métaphore névrotique : « La France, autrefois, c'était un nom de pays ; prenons garde que ce ne soit, en 1961, le nom d'une névrose. Guérirons-nous ? Oui. La violence, comme la lance d'Achille, peut cicatriser les blessures qu'elle a faites. Aujourd'hui, nous sommes enchaînés, humiliés, malades de peur : au plus bas. Heureusement cela ne suffit pas encore à l'aristocratie colonialiste : elle ne peut accomplir sa mission retardatrice en Algérie qu'elle n'ait achevé d'abord de coloniser les Français. »[120].

---

117 *Ibid.*, p. 183.
118 *Ibid.*, p. 175.
119 *Ibid.*, p. 176.
120 *Ibid.*, p. 192.

Le texte de Sartre est important pour son « engagement ». « Nul ne peut sous-estimer aujourd'hui le rôle de premier plan joué par Sartre dans la lutte contre la guerre d'Algérie, ni surtout l'impact considérable que sa pensée et ses prises de position politiques eurent sur toute une génération d'intellectuels, celle qui connut les affres de cette guerre et dont Sartre a été, sans doute, le maître à penser (…). »[121].

Cette vision du néo-colonialisme chez Sartre n'est pas nouvelle : « Dès l'avant-guerre, Sartre manifeste une haine spontanée de la colonisation, au nom des valeurs de justice et d'équité de l'humanisme occidental : mais son anticolonialisme est encore d'ordre éthique et humaniste. C'est l'éclatement de la Seconde Guerre mondiale qui constitue un tournant important dans son itinéraire politique. En 1946 a lieu le premier engagement anticolonialiste des *Temps modernes*, qui dans l'éditorial du mois de décembre condamnent la guerre d'Indochine et envisagent pour la première fois la possibilité de l'indépendance de ce pays, alors que les communistes au pouvoir, approuvent la politique coloniale du gouvernement. »[122].

Honneth, dans sa théorie de la reconnaissance, aborde celle-ci sous l'angle de la « lutte ». Les écrits sartriens qu'ils donnent en exemple, procèdent, nous le voyons, de cette volonté de marquer, de mettre en perspective ce terme de « lutte ». Mais cette lutte apparaît sur fond d'explications psychologiques chez Honneth : en étudiant les relations intersubjectives. Peu d'exemples historiques sont cités par Honneth, sinon implicitement à travers des références comme celles de Sartre. Mais quelle est la pertinence de l'exemple de la décolonisation française ? Sartre parle de la bourgeoisie colonialiste. La lutte correspondrait alors à la lutte des classes sociales : explication probablement simpliste, ce que relève aussi Honneth.

---

121 LAMOUCHI Noureddine, 1996, *Jean-Paul Sartre et le tiers monde, rhétorique d'un discours anticolonialiste,* L'Harmattan, Paris, p. 77.

122 LAMOUCHI Noureddine, 2004, Colonialisme et néocolonialisme, In : NOUDELMANN François et PHILIPPE Gilles, sous la direction de, 2004, *Dictionnaire Sartre,* Honoré Champion, Paris, p. 93.

Nous avons vu le contexte dans lequel Sartre écrit la préface de Fanon. Il s'agit d'un contexte des plus violents, de guerre, de déshumanisation. La question reste ainsi posée de savoir si l'on peut effectivement appliquer la théorie de la reconnaissance, la « lutte pour la reconnaissance » à des situations extrêmes comme la décolonisation française, ou comme le génocide rwandais de 1994. L'analyse des relations intersubjectives apparaît-elle suffisante dans un tel contexte paroxystique ? Les travaux d'Axel Honneth ne nous permettent pas de répondre concrètement à cette analyse que nous souhaitons aborder.

De ce premier exemple de la guerre d'Algérie, nous en déduisons qu'il est nécessaire d'étendre la théorie de la reconnaissance. Le terme de théorie au sens général (au lieu du terme plus restrictif de lutte) est donc employé, l'extension de cette théorie correspond à l'extension à des évènements violents paroxystiques, à des cas extrêmes de déshumanisation : le génocide.

Le second exemple sur la question juive, toujours en se référant à l'exemple de Sartre donné par Honneth aborde, indirectement, la question de la déshumanisation lors du génocide.

Cet exemple est indirect car Sartre, comme nous l'avons indiqué, va aborder le sujet sous l'angle phénoménologique. Le ton du texte de Sartre de 1946 ne sera pas du tout celui de 1961 dans la préface de Fanon.

Les écueils de son texte de 1946 seront très largement repris. « En effet, l'analyse sartrienne aboutit à une négation de l'existence du Juif qu'elle réduit à une pure création de l'antisémite (…). »[123].

Nous retrouvons des éléments de ce texte dans la *Critique de la Raison dialectique,* notamment lors de la question : « l'Histoire est-elle essentielle à l'homme ? »[124]. Mais le raisonnement est quelque peu différent, et surtout, le contexte des derniers écrits de Sartre a beaucoup évolué. Les travaux historiques sur la

123 LAMOUCHI Noureddine, 1996, *op. cit.,* p. 43.

124 SARTRE Jean-Paul, 1985, *Critique de la Raison dialectique, tome II, l'intelligibilité de l'Histoire,* NRF, Gallimard, Paris, p. 454-456.

Shoah, les témoignages, la mémoire, contre le négationnisme (dont le risque existera toujours, d'où la nécessité absolue de poursuivre les travaux de recherche sur un génocide), ont été largement diffusés, et permettent d'aborder la question de l'antisémitisme sur le plan phénoménologique comme Sartre le fit en 1946.

2.3 L'approche sociale

La notion de lutte, comme la notion de reconnaissance, si elle peut apparaître tout à fait idoine dans le contexte de la Shoah, n'est, en revanche, que peu pertinente à l'éclairage du texte sartrien de 1946. Il faut aborder un point de vue qui soit historique, mais une analyse critique de l'Histoire, des textes et des références données pour « créer » cette Histoire comme l'Histoire du Rwanda, afin de ne pas méconnaître les conséquences et les causes réelles de tels drames.

La « lutte pour la reconnaissance » de Honneth, n'est pas une théorie politique (tout au moins, pas uniquement) fondée sur une approche marxiste, elle est réellement une philosophie sociale qui peut s'étendre dans le domaine de la philosophie du droit, au sens certes, de « lutte » (d'où le droit émerge), et au niveau de l'humain : contrairement à un droit « classique », avec une limite de temps et de lieu, la reconnaissance est intemporelle et universelle. Les retentissements sur le droit international pénal seront à prendre en compte ultérieurement.

Les travaux d'Emmanuel Renault reprennent en effet l'approche sociale et cette approche de l'action politique de la théorie de la reconnaissance de Honneth. Trois caractéristiques sont élaborées entre l'expérience de l'injustice et l'action politique : « une expérience qualitative qui implique une revendication qualitative » ; «l'expérience de l'injustice est référentielle » ; « l'expérience de l'injustice est affective ».[125] La théorie de la reconnaissance de Honneth est alors utilisée :

125 RENAULT Emmanuel, 2004b, *L'expérience de l'injustice, reconnaissance et clinique de l'injustice,* Editions la Découverte, Paris, p. 46-48.

« Axel Honneth a tenté d'établir que les différentes formes du sentiment d'injustice se fondaient sur la non-satisfaction de différents besoins de reconnaissance fondamentaux, de sorte que l'expérience de l'injustice sociale peut être interprétée comme l'expérience d'un déni de reconnaissance socialement instituée. En ce sens, la théorie de la reconnaissance permet d'élaborer un cadre normatif au niveau spécifique des *motivations* de l'action politique et de rendre compte de sa dynamique normative propre, ainsi que de la nature spécifique de ses prétentions à la validité. »[126] Si la théorie de la reconnaissance est appliquée à l'injustice sociale, certains points développés par Renault nous paraissent utiles pour une extension de la théorie à une application au génocide rwandais. Tout d'abord, sur l'injustice : « L'expérience de l'injustice est celle d'une aliénation ; elle est par ailleurs celle d'une *situation* injuste. C'est toujours, en effet, à des interactions ou à des contextes sociaux particuliers que les individus associent leur sentiment d'injustice, et c'est toujours également contre eux qu'ils dirigent leurs griefs en matière de justice. On peut, certes, avoir l'intuition diffuse d'une injustice structurelle (par exemple dans l'intuition du caractère injuste d'une société globalement inégalitaire), mais c'est toujours à l'occasion d'une injustice située qu'une telle intuition se cristallise en un sentiment d'injustice, et c'est à partir de tels sentiments que la conscience des facteurs structurels de l'injustice pourra ensuite être élaborée réflexivement. »[127]. En effet, nous verrons ultérieurement le lien, implicite jusqu'à présent, entre la reconnaissance et l'injustice, notamment dans la théorie que nous souhaitons étendre à la philosophie du droit. En effet, la théorie de la reconnaissance a un lien avec la théorie de la justice, comme celle proposée par John Rawls, mais dont les modalités et surtout les applications sont quelque peu divergentes.

Un deuxième élément important est l'émergence d'une éthique de la reconnaissance. Ethique en tant que normes et valeurs fondées sur la théorie de la reconnaissance. Pour

---

126 *Ibid.*, p. 48-49.
127 *Ibid.*, p. 76.

Emmanuel Renault, voici comment elle est définie : « L'éthique de la reconnaissance renvoie elle aussi la subjectivité morale à l'intersubjectivité. Elle a tout d'abord été conçue comme une tentative destinée à pallier ce divorce choquant entre les normes de l'éthique de la discussion et les individus qu'elle prétend représenter. Le désir de reconnaissance était alors présenté comme la forme que prend chez les dominés la prise de conscience de ces normes. (…) Cependant, nous avons montré que l'éthique de la reconnaissance disposait d'un fondement spécifique relevant d'une anthropologie du rapport à soi. C'est bien sûr une théorie du rapport positif à soi, en tant qu'il est tout aussi bien intersubjectivement constitué qu'intersubjectivement vulnérable que repose cette éthique. »[128].

L'analyse détaillée des références de Honneth nous a permis d'entrevoir que le contexte historique est fondamental, et que le génocide rwandais que nous souhaitons étudier est singulier par la violence paroxystique et les conséquences universelles qui en découlent.
Ceci signifie qu'une extension de la théorie de la reconnaissance est primordiale, car Honneth reste implicite sur le sujet des violences paroxystiques, sa « lutte » étant essentiellement tournée vers une « lutte » (justice ?) sociale. Il n'y a pas d'exemples précis comme ceux que nous souhaitons développer.

2.4 Le crime de génocide : approche philosophique existentialiste

En 1967, à l'issue du *Tribunal Russell*, Sartre propose un texte : *Le Génocide.* Ce texte sera ensuite traduit en anglais et publié tel quel : *On Genocide.* By Jean-Paul Sartre. And a summary of the evidence and the judgments of the International War Crimes tribunal by Arlette El Kaïm-Sartre. Boston : Beacon Press, 1968[129].

---

128 RENAULT Emmanuel, 2004a, *Mépris social, Ethique et politique de la reconnaissance,* Editions du Passant, Bègles, p. 73.

129 CONTAT Michel, RYBALKA Michel, 1970, *op. cit.,* p. 454-455.

Sur ce texte, Contat et Rybalka précisent : « A l'issue de sa seconde session, qui se tint à Roskilde, près de Copenhague, du 20 novembre au Ier décembre 1967, le tribunal Russell répondit « oui » à l'unanimité à la question : « Le gouvernement des Etats-Unis est-il coupable du crime de génocide à l'égard du peuple vietnamien ? ». Sartre fut chargé, en tant que président exécutif du tribunal, de rédiger l'exposé des motifs de ce verdict. Son texte fut adopté par tous les membres du tribunal. Ecrit dans des conditions particulièrement contraignantes (Sartre le rédigea en prenant sur les quelques heures de sommeil que la longueur des dernières séances laissait aux membres du tribunal), ce texte est cependant l'un des plus marquants qu'il ait écrits. Se servant d'une argumentation rigoureuse, Sartre explique pourquoi la guerre menée par les Américains au Vietnam doit être considérée comme un génocide, qu'il définit ainsi : *Le génocide présent, dernier résultat du développement inégal des sociétés, c'est la guerre totale menée jusqu'au bout* d'un seul côté *et* sans la moindre réciprocité. Il conclut ainsi : *Ainsi les Vietnamiens se battent pour tous les hommes et les forces américaines contre tous. Non point au figuré et dans l'abstrait. Et pas seulement parce que le génocide serait au Vietnam un crime universellement condamné par le droit des gens. Mais parce que, peu à peu, le chantage génocidal s'étend à tout le genre humain, en s'appuyant sur le chantage à la guerre atomique, c'est-à-dire à l'absolu de la guerre totale, et parce que ce crime, accompli tous les jours sous tous les yeux, fait de tous ceux qui ne le dénoncent pas les complices de ceux qui le commettent et, pour mieux nous asservir, commence par nous dégrader. En ce sens, le génocide impérialiste ne peut que se radicaliser : car le groupe qu'on veut atteindre et terroriser,* à travers la nation vietnamienne, *c'est le groupe humain entier.* »[130].

Le tribunal Russell représente une volonté intellectuelle et de justice du développement futur que seront les tribunaux pénaux internationaux comme celui du Rwanda. Néanmoins, la forme, le but avoué (procès, en fait, essentiellement à charge, sans réels prévenus physiques, sans magistrats ayant une

---

130 CONTAT Michel, RYBALKA Michel, 1970, *op. cit.*, p. 455.

expérience pénale importante, avec pour finalité la condamnation de l'action des Etats-Unis), ne permettent pas de considérer ce tribunal comme une justice impartiale, mais reste un élément historique important. En effet, des éléments concrets, presque journalistiques, seront apportés par le tribunal.

« Notre tribunal est sans précédent historique précis. Le tribunal de Nuremberg, s'il eut à connaître de crimes de guerre, n'a dû de voir le jour qu'au seul fait que les Alliés victorieux mirent les vaincus dans l'obligation de livrer leurs dirigeants à la justice. Il était inévitable que les procès de Nuremberg, soutenus comme ils l'étaient par le pouvoir d'Etat, ne soient pas sans contenir une bonne part de realpolitik. Malgré ces facteurs inhibants, qui mettent en question certains aspects de la procédure suivie alors, le Tribunal de Nuremberg permit d'exprimer l'horreur du monde entier face aux crimes commis par les nazis. On éprouvait un peu partout le sentiment qu'il fallait disposer de critères donnant la possibilité de juger des actes de ce genre et en fonction desquels il serait possible de condamner les crimes nazis. On pensait qu'il était nécessaire d'en montrer toute l'abomination. Et l'on escomptait la naissance d'une législation apte à rendre compte, dans toute leur ampleur, des crimes nazis... »[131] Ce que précise Russell est donc une certaine filiation, certes, indirecte, avec le procès de Nuremberg. Mais Russell recherche une indépendance vis-à-vis des états, c'est-à-dire une neutralité étatique. Il est cependant difficile d'accéder à cette neutralité, alors que la guerre froide fait rage.

La question qui se pose ici est celle de la justice des crimes contre l'humanité. Cette question se développe après la Shoah. Le tribunal Russell a tout à fait conscience des limites et des difficultés d'une telle justice, qui ne peut être calquée sur la justice pénale délictuelle et criminelle de crimes et délits « classiques ».

131 RUSSELL Bertrand, 1966, *Discours à la première réunion des membres du tribunal international des crimes de guerre,* In : DEDIJER Vladimir, sous la direction de, 1967, *Tribunal Russell, le jugement de Stockholm*, NRF, idées actuelles, Gallimard, Paris, volume 1., p. 9.

Si les crimes contre l'humanité sont une atteinte contre l'humanité entière, cela signifie ainsi que tout humain a le droit de se porter en quelque sorte « partie civile » contre les présumés coupables. Cela signifie, en terme d'organisation, qu'il ne peut s'agir d'une vision étatique, comme le relève Russell. Or, la justice doit se mener dans un lieu précis : elle doit être constituée physiquement. Il doit y avoir un tribunal avec sa cour. La question de la localisation de ce tribunal implique de dépasser les rivalités étatiques qui pourraient avoir lieu, et de trouver un lieu « neutre ». Or, comment trouver ce lieu « neutre », si l'on considère qu'un crime contre l'humanité atteint toute l'humanité.
La seule réponse possible est alors d'introduire une justice plus pragmatique, en partant des victimes ayant subi un préjudice direct ou indirect ayant un retentissement grave dans les conditions de son existence. Mais nous reviendrons sur cet élément lors de l'étude du génocide rwandais, et lors de l'évocation du procès de Nuremberg.

Russell parle d'admiration du peuple vietnamien : « Je ne vous cacherai pas quelle admiration et quelle passion m'inspire le peuple du Vietnam. Nous avons pour mission de tout découvrir et de tout révéler. J'ai la conviction qu'il n'est pas de plus grand hommage à ce peuple que de dire la vérité, fruit d'une enquête approfondie et rigoureuse. Puisse ce Tribunal empêcher le crime du silence de s'accomplir ! »[132].

Le tribunal Russell se composait notamment de Bertrand Russell, le président d'honneur, de Sartre (président de l'exécutif), de Vladimir Dedijer (président des sessions, docteur en droit et historien yougoslave) et de Laurent Schwartz (coprésident des sessions, célèbre mathématicien français). Sartre va exprimer lors des premières sessions la volonté d'existence de ce tribunal : « Le Tribunal Russell, est né de cette double constatation contradictoire : la sentence de Nuremberg a rendu nécessaire l'existence d'une institution destinée à enquêter sur les crimes de guerre et, qu'il y a lieu, à en juger ; ni les gouvernements, ni les peuples ne sont en mesure de la créer. Nous sommes parfaitement conscients de n'avoir été mandatés

---

132 RUSSELL Bertrand, 1966, *op. cit.*, p. 11.

par personne, mais si nous avons pris l'initiative de nous réunir, c'est que nous savions aussi que personne ne pouvait nous mandater. Certes, notre Tribunal n'est pas une institution. Mais il ne se substitue à aucun pouvoir institué : il est issu, au contraire, d'un vide et d'un appel. »[133].

La persistance de ce « vide », d'une justice internationale apte à juger les crimes contre l'humanité, sera majeure jusqu'à la fin du vingtième siècle, l'exemple du Tribunal international pour le Rwanda le montrera. De plus, ce type de crime, portant atteinte à l'humanité dans son entièreté, signifie que la justice associée doit aller au-delà des circonstances, en l'espèce durant une guerre ou en dehors d'une guerre. En effet, l'émergence de la justice internationale provient des règles de la guerre. Mais elle dépasse très rapidement ce cadre de référence qui reste uniquement historique.

Le crime de génocide, nous y reviendrons, pose une difficulté majeure pour une justice internationale : en niant une partie de l'humanité, qui va pouvoir juger de cette négation absolue, dans la mesure où toutes les justices sont alors fondées sur un socle étatique ou tout au moins, social, au sens de constitutif d'une société à part entière ?

« Le mot 'génocide' n'existe pas depuis longtemps : c'est le juriste Lemkin qui l'a forgé entre les deux guerres mondiales. La *chose* est vieille comme l'humanité et il n'y a point eu, jusqu'ici, de société que sa structure ait préservée de commettre ce crime. Reste que tout génocide est un produit de l'histoire et qu'il porte la marque de la collectivité dont il est issu. »[134].

Le tribunal Russell, tribunal partial, ne permettra pas d'avancées spectaculaires sur la reconnaissance de crimes de la part des Etats-Unis. Le contexte de guerre froide, les considérations géopolitiques, l'emporteront largement sur tout examen minutieux des faits qui se sont produits lors de la guerre

---

133 SARTRE Jean-Paul, 1966, *Extraits des débats de la première session,* In : DEDIJER Vladimir, sous la direction de, 1967, *Tribunal Russell, le jugement de Stockholm*, NRF, idées actuelles, Gallimard, Paris, volume 1, p. 28.

134 SARTRE Jean-Paul, 1967, *Motivation du jugement sur le génocide,* In : DEDIJER Vladimir, sous la direction de, 1968, *Tribunal Russell, le jugement final*, NRF, idées actuelles, Gallimard, Paris, volume 2, p. 349.

du Vietnam. Néanmoins, un peu plus de vingt ans après le procès de Nuremberg, cette initiative d'intellectuels de nationalités diverses, pose cette question de la justice internationale, et plus en avant, la question de la reconnaissance de crimes contre l'humanité. Mais de quelle reconnaissance exactement s'agit-il ? Est-ce une reconnaissance médiatique ? Est-ce une reconnaissance des Etats ? Est-ce une reconnaissance différente ? Le but semblait principalement médiatique, tant la notoriété des acteurs de ce tribunal était alors au plus haut, mais la mécanique géopolitique en décida bien autrement. C'est pour cela qu'une étude de fond de la reconnaissance et d'une théorie de la reconnaissance plus globale est nécessaire comme prélude d'une volonté de justice internationale de crimes contre l'humanité, et en particulier, le génocide.

2.5 Les travaux de Hannah Arendt

Nous consacrerons ces quelques pages à une étude globale du travail de Hannah Arendt. « Choisissant l'exil avant même qu'il ne devienne la seule issue de survie, Hannah Arendt devait prendre conscience d'un risque inhérent à cette situation. Il est une expérience universelle qui veut que l'oppression façonne une forme particulière d'humanité, faite de fraternité pour ceux qui la subissent et de compassion du point de vue de ceux qui la regardent. Nouée aux sentiments philanthropiques des spectateurs, la dignité que préservent la fuite ou l'isolement génère une sorte de chaleur rassurante, capable de susciter des formes de bonté largement inconnues par ailleurs et qui ajoute à la simple joie d'être encore en vie une sorte de vitalité spécifique. »[135]. Pierre Bouretz dégage tout à fait le thème principal de notre étude : « entre passions et raison », et « cette forme particulière d'humanité ». En effet, rechercher une théorie de la reconnaissance dans une justice internationale de crimes

---

135 BOURETZ Pierre, 2002, *Hannah Arendt entre passions et raison,* In : Hannah Arendt, 2002, *Les origines du totalitarisme. Eichmann à Jérusalem.* Gallimard, Paris, p. 15.

contre l'humanité, nécessite, au fond, la recherche d'un sentiment d'appartenance à l'humanité, une « forme particulière d'humanité » dans ce qui est apparu dans les faits comme une négation totale et entière de l'humanité. Hannah Arendt est tout à fait représentative de cette démarche.

Elle écrit dans sa préface de 1967 de la première partie des *Origines du totalitarisme* intitulée *L'antisémitisme* : « Comprendre, toutefois, ne signifie pas nier ce qui est révoltant et ne consiste pas à déduire à partir de précédents ce qui est sans précédent ; ce n'est pas expliquer des phénomènes par des analogies et des généralités telles que le choc de la réalité s'en trouve supprimé. Cela veut plutôt dire examiner et porter en toute conscience le fardeau que les évènements nous ont imposé, sans nier leur existence ni accepter passivement leur poids, comme si tout ce qui est arrivé en fait devait fatalement arriver. Comprendre, en un mot, consiste à regarder la réalité en face avec attention, sans idée préconçue, et à lui résister au besoin, quelle que soit ou qu'ait pu être cette réalité. »[136].

Dans cette même préface, Hannah Arendt revient sur les *Réflexions sur la question juive* de Sartre pour les réfuter : « Non pas, bien entendu, que la conscience juive ait jamais été une simple création de l'antisémitisme ; une connaissance même sommaire de l'histoire juive, dont le souci constant, depuis l'exil babylonien, a toujours été la survie du peuple juif, en dépit des dangers énormes résultant de sa dispersion, suffirait à écarter le mythe le plus récent sur ce sujet, devenu à la mode dans les cercles intellectuels depuis que l' « existentialisme » sartrien a défini *le* Juif comme celui qui est considéré et défini comme Juif par les autres. »[137] A travers les trois parties de son ouvrage : *l'antisémitisme, l'impérialisme, et le totalitarisme,* Hannah Arendt analyse finement l'émergence de l'antisémitisme dans un contexte de développement des Etats-nations.

Il s'agit quelques décennies après le nazisme de reconstruire la méthode historique scientifique nécessaire à un regard « de la réalité en face avec attention ». Cet aspect historique est

---

136 ARENDT Hannah, 2002, *Les origines du totalitarisme. Eichmann à Jérusalem.* Gallimard, Paris, p. 184.

137 ARENDT Hannah, 2002, *op. cit.*, p. 185.

fondamental pour l'analyse de l'antisémitisme et de la Shoah. «Car l'histoire elle-même est détruite, et sa compréhension – fondée sur le fait qu'elle est l'œuvre des hommes et peut donc être comprise par eux – est en danger si les faits ne sont plus regardés comme des composants et des parcelles du monde passé et présent, mais sont utilisés à tort afin de prouver telle ou telle opinion. »[138].

Notre but n'est pas de comparer le génocide rwandais et la Shoah, mais de retrouver les regards de contemporains de la Shoah et leurs analyses, afin, d'une part, de comprendre comment le concept de génocide est apparu durant le vingtième siècle, et d'autre part, comment les différents regards analytiques portés sur les évènements de la Shoah pourraient être utilisés pour une théorie de la reconnaissance avec l'exemple du génocide rwandais de 1994. Il ne s'agit pas d'effectuer un parallèle, de simples analogies, qui s'avéreront sans conséquences, mais d'évaluer si le regard historique ou le regard philosophique (Hannah Arendt dans le premier cas, Jean-Paul Sartre dans le second, par exemple) peuvent conduire à des divergences ou des convergences amenant à une théorie de la reconnaissance.

Hannah Arendt expose une vision au delà des Etats-nations, en rupture alors avec la philosophie politique issue du XVIème siècle, en particulier, celle de Thomas Hobbes : « (…) Hobbes apporte le meilleur fondement théorique possible à ces idéologies naturalistes qui maintiennent les nations à l'état de tribus, séparées par nature les unes des autres, sans nul contact possible, inconscientes de la solidarité humaine et n'ayant en commun que l'instinct de conservation que l'homme partage avec le monde animal. Si l'idée d'humanité, dont le symbole le plus décisif est l'origine commune de l'espèce humaine, n'a plus cours, alors rien n'est plus plausible qu'une théorie selon laquelle les races brunes, jaunes et noires descendent de quelque espèce de singes différente de celle de la race blanche, et qu'elles sont toutes destinées par nature à se faire la guerre jusqu'à disparaître de la surface du globe. »[139].

---

138 ARENDT Hannah, 2002, *op. cit.*, p. 227.
139 ARENDT Hannah, 2002, *op. cit.*, p. 414.

Au-delà des Etats-nations, mais aussi dénonçant vigoureusement l'idéologie raciste sous-tendant le nazisme, Hannah Arendt donne une analyse fine de la « pensée raciale avant le racisme ». « Le racisme peut conduire le monde occidental à sa perte et, par suite, la civilisation humaine tout entière. […] Peu importe ce que des scientifiques chevronnés peuvent avance : la race est, politiquement parlant, non pas le début de l'humanité mais sa fin, non pas l'origine des peuples mais leur déchéance, non pas la naissance naturelle de l'homme mais sa mort contre nature. »[140].

L'idéologie est le fléau qui transforme l'idée « raciale » en action politique pour amener à un paroxysme comme la Shoah. « Car une idéologie diffère d'une simple opinion en ce qu'elle affirme détenir soit la clé de l'histoire, soit la solution à toutes « les énigmes de l'univers », soit encore la connaissance profonde des lois universelles cachées, censées gouverner la nature et l'homme. Peu d'idéologies ont su acquérir assez de prépondérance pour survivre à la lutte sans merci menée par la persuasion, et seules deux d'entre elles y sont effectivement parvenues en écrasant vraiment toutes les autres : l'idéologie qui interprète l'histoire comme une lutte économique entre classes et celle qui l'interprète comme une lutte naturelle entre races. »[141].

L'extension d'une théorie de la reconnaissance, notamment dans le cadre du jugement du crime de génocide au Rwanda, nécessite ainsi, c'est ce que nous pouvons retenir de la philosophie de Hannah Arendt, l'analyse des idéologies qui ont été mises en place, en particulier dans un but politique (voire politicien), au niveau régional, national, comme international.

Dans la troisième partie de son ouvrage *Les origines du totalitarisme,* intitulée « Le totalitarisme », Hannah Arendt revient en détail sur le lien entre idéologie et terreur. « Les idéologies – ces « ismes » qui, à la grande satisfaction de leurs partisans, peuvent tout expliquer jusqu'au moindre événement en le déduisant d'une seule prémisse – sont un phénomène tout à fait récent, qui, durant des décennies, a joué un rôle négligeable

140 ARENDT Hannah, 2002, *op. cit.*, p. 414.

141 ARENDT Hannah, 2002, *op. cit.*, p. 416.

dans la vie politique. Seule la sagesse du regard a posteriori nous permet de découvrir en elles certains éléments qui contribuèrent à les rendre si fâcheusement utiles à la domination totalitaire. Il fallut attendre Hitler et Staline pour découvrir combien grandes étaient les potentialités des idéologies en matière politique. »[142] Puis il est très intéressant de constater le propos qui suit de Hannah Arendt sur un lien entre l'origine d'une idéologie et la science : « les idéologies sont connues pour leur caractère scientifique : elles allient approche scientifique et résultats d'ordre philosophique, et ont la prétention de constituer une philosophie scientifique. Le mot « idéologie » semble impliquer qu'une idée peut devenir l'objet d'une science au même titre que les animaux sont l'objet de la zoologie : le suffixe logie, dans idéologie comme dans zoologie, ne désignerait rien d'autre que les logoï, les discours scientifiques tenus à son propos. S'il en était vraiment ainsi, une idéologie ne serait qu'une pseudo-science et qu'une pseudo-philosophie, transgressant à la fois les limites de la science et celle de la philosophie. Le déisme, par exemple, serait l'idéologie traitant de l'idée de Dieu, qui intéresse la philosophie, à la manière scientifique de la théologie pour laquelle Dieu est une réalité révélée. [...] les « idées » qui sont au centre des doctrines en « isme » -la race dans le racisme, Dieu dans le déisme etc... - ne constituent jamais l'objet des idéologies et le suffixe -logie ne désigne jamais seulement un ensemble de propositions « scientifiques ». »[143].

Si l'auteure met tout d'abord en exergue le lien idéologie-politique, elle pointe du doigt, dans un second temps, un lien majeur, supposé, entre science et idéologie.
L'exemple des disciplines choisies dans la comparaison fournie est tout à fait révélateur du débat qu'elle institue, et de l'utilisation des sciences dans le domaine politique et idéologique : la biologie en général et la zoologie en particulier. En étudiant de façon précise l'histoire, la politique, les courants religieux, Hannah Arendt tente d'objectiver en partie la naissance d'une causalité « scientifique » au sens d'études en

142 ARENDT Hannah, 2002, *op. cit.*, p. 824.
143 ARENDT Hannah, 2002, *op. cit.*, p. 824-825.

sciences humaines, afin d'aboutir sur un temps historique à l'issue de la Seconde Guerre mondiale, jusqu'au génocide.
Mais, si sur l'échelle du temps, les évènements effectivement se suivent, les liens de cause à effet ne semblent pas pour autant permettre une explication du génocide. « La tragédie de notre époque fut que l'apparition de crimes inconnus en qualité et en proportion et non prévus par les Dix commandements nous a été nécessaire pour comprendre ce que les foules savaient depuis le début du siècle : ce n'est pas seulement telle ou telle forme de gouvernement qui est devenue surannée ou certaines valeurs et traditions qu'il faut reconsidérer, mais c'est la totalité de presque trois mille ans de civilisation occidentale, telle que nous l'avons connue dans un courant relativement ininterrompu de tradition, qui s'est brisée ; la structure entière de la culture occidentale, avec ses croyances implicites, ses traditions et ses critères de jugement, s'est effondrée sur nos têtes. »[144].
La Shoah est-elle une continuité de l'Histoire, ou une rupture de l'Histoire ? Probablement les deux, c'est ce que tend à montrer le travail d'Arendt.

Continuité car le génocide s'inscrit sur une échelle du temps avec des évènements ayant précédé et d'autres évènements ayant suivi le génocide. Rupture par l'ampleur des massacres, l'organisation méticuleuse, les efforts farouches pour détruire la notion d'humanité telle qu'elle a effectivement pu émerger à l'heure des Lumières (mais notion qui reste à préciser).
Or, si la Shoah marque le début d'une prise de conscience du crime de génocide, avec la création d'une justice internationale, que peut-on dire du génocide rwandais ?
Car, en effet, le génocide de 1994, était, par définition même, d'une ampleur terrible, méticuleusement organisé, avec une volonté farouche de nier une partie de l'humanité, fondée sur des critères exclusivement racistes. Le génocide rwandais est-il alors un « génocide de plus » ?

144 ARENDT Hannah, 2002, *op. cit.*, p. 866-867.

2.6 L' « exceptionnalité » du génocide

C'est cela qu'il faut combattre. L'« exceptionnalité » du génocide ne doit en aucun cas le banaliser dans l'échelle du temps. L'approche historique, si elle est nécessaire, ne peut ici se réduire à une succession d'évènements temporels amenant à un point d'aboutissement que serait le génocide.

En effet, si l'on considère l'Histoire comme une succession d'évènements en essayant de retrouver des liens de causalité entre ces évènements, il y aurait ainsi « émergence » du génocide par liens politiques, scientifiques, idéologiques, économiques etc... pour la Shoah, puis en 1994 pour le Rwanda. On ne parle donc plus « du » génocide mais d' « un » génocide, en expliquant que le « premier » génocide - il est tout à fait possible de stipuler que la Shoah constitue le génocide à partir duquel a été débutée une théorisation du « génocide » avec l'utilisation du mot et surtout la création d'une justice « internationale » ayant pour objectif de juger le crime imprescriptible : il y a une création « juridique », mais peut-être des massacres antérieurs à la Seconde Guerre mondiale seront ainsi reconnus dans le futur comme génocide (génocide arménien), les faits étant imprescriptibles, cela est tout à fait possible – « premier » génocide à partir duquel on recherche des explications causales, voire une méthode historique aboutissant à un génocide. Puis on appliquerait cette méthode historique aux massacres de 1994 par exemple : le génocide rwandais ne serait donc qu'un événement historique sur l'échelle du temps, explicable par la même méthode fournie par le « premier » génocide.

Or, cette vision est tout à fait à proscrire. La lutte contre la banalisation du génocide est aujourd'hui, au début du XXIème siècle, tout aussi primordiale que la lutte contre le négationnisme : le devoir de mémoire doit ainsi y contribuer.
Mais, cela signifie-t-il qu'il faut bannir une approche historique? Non, bien au contraire, c'est ce que nous allons montrer, il faut une « analyse » historique, qui sera potentiellement utile à des fins juridiques. Or, la justice nécessite des témoignages, des écrits, des explications causales factuelles et non pas purement idéologiques au sens d'idéologies historiques. Les liens

politiques entre tel militaire de l'état-major allemand en 1940 et tel industriel doivent effectivement être démontrés pour permettre une « justice » avec un procès, des faits à charge et à décharge.

Ainsi, au début du vingt et unième siècle, avec le recul nécessaire sur la Shoah, et un recul beaucoup moins important sur le génocide rwandais, le génocide de la Seconde Guerre mondiale apparaît comme un « début » uniquement en termes véritablement juridiques mais non pas historiques. Hannah Arendt, si elle va signifier ce commencement juridique, semble, néanmoins, en faveur d'un commencement « historique » : « En termes historiques, cela ne signifierait pas la fin de l'histoire, mais ce serait la première fois qu'on formerait le projet d'un commencement délibéré, associé à la prise de conscience amère que rien ne nous a été promis, ni Age messianique, ni société sans classes, ni paradis après la mort. Un tel commencement délibérément projeté n'a manifestement jamais été possible auparavant, parce que l'humanité n'était qu'un concept ou un idéal et jamais une réalité. L'humanité n'est plus divisée par l'espace et la nature, et par voie de conséquence, par les murs spirituellement infranchissables de l'histoire et de la culture. Dès lors, soit elle trouvera une façon de vivre sur une terre surpeuplée ainsi qu'une façon de la gouverner en commun, soit elle périra – et cet événement n'atteindra pas la sublime indifférence de la nature. »[145]. Mais elle ajoute sur le plan juridique : « Du fait d'une telle situation – l'émergence de l'humanité comme entité politique *une* - le nouveau concept de « crimes contre l'humanité », formulé par le juge Jackson au procès de Nuremberg, devient la première et la plus importante idée du droit international. Il faudrait cependant reconnaître qu'avec une telle idée, le droit international s'inscrit dans le domaine d'une loi au-dessus des nations et transcende le domaine actuel qui n'est concerné que par les lois et accords régulant les rapports entre nations souveraines dans la paix comme dans la guerre. »[146].

---

145 ARENDT Hannah, 2002, *op. cit.*, p. 869.
146 ARENDT Hannah, 2002, *op. cit.*, p. 870.

Si la comparaison entre la Shoah et le génocide rwandais n'est pas souhaitable afin de ne pas banaliser la notion de génocide, si la comparaison en termes de planification de crimes, d'intensité, n'apporte aucune valeur significative dans l'établissement d'une justice internationale, ce sont, en revanche trois éléments principaux qui ressortent d'une étude du travail de Hannah Arendt en particulier, sur le totalitarisme et sur le procès d'Eichmann.

Les trois éléments sont :

- une analyse historique, ethnologique, anthropologique, politique, économique et scientifique du contexte dans lequel le génocide a eu lieu.
- le rôle prépondérant d'une justice internationale
- la notion d'humanité, qui prend naissance à travers la volonté de justice de « crimes contre l'humanité ».

Nous comprenons que l'héritage intellectuel issu de la Shoah se trouve nécessairement dans le droit international et la justice internationale, qui ont permis la théorisation du concept de « génocide ». En instituant le mot, sur de tels crimes paroxystiques, en identifiant des principes, comme l'imprescriptibilité, même si l'établissement d'une justice internationale a connu des balbutiements difficiles, ces idées et principes vont permettre une transmission de génération en génération. Cette transmission est primordiale dans la perspective d'une lutte contre l'oubli, contre le négationnisme, contre la banalisation.

Nous avons vu une explication en trois niveaux dans un paragraphe précédent, de la théorie de la reconnaissance. La justice et la reconnaissance nous paraissent liées, c'est ce que nous souhaitons montrer. Ainsi, l'extension d'une théorie de la reconnaissance à la justice internationale prendra tout son sens, notamment avec l'exemple du génocide rwandais de 1994. De plus, le terme utilisé par Axel Honneth est bien une « lutte » pour la reconnaissance. S'il emploie ce terme essentiellement dans une perspective sociale contemporaine, il faut néanmoins remarquer que cette lutte se conçoit selon un modèle juridique : « C'est seulement maintenant que la relation juridique – avec ses possibilités d'universalisation et de concrétisation- et la communauté de valeurs – avec ses possibilités d'individualisation et d'égalisation – intègrent des structures normatives auxquelles on accède par l'expérience émotionnelle du mépris, et dont on peut se réclamer dans les luttes qui résultent de cette expérience. De telles formes collectives de résistance trouvent leur terreau dans des sémantiques subculturelles qui fournissent aux sentiments d'injustice un langage commun, où s'annoncent – si indirectement que ce soit – les possibilités d'un élargissement de reconnaissance »[147].

Or, les trois niveaux de la théorie de la reconnaissance utilisée par Honneth ne permettent pas de comprendre ce que serait la « reconnaissance » pour l'humanité face à un crime comme le génocide (et en premier lieu les victimes directes du génocide c'est-à-dire les victimes de viols, agressions sexuelles, tentatives d'homicide, et les proches des hommes, femmes et enfants massacrés lors du printemps 1994 au Rwanda, nous reviendrons sur les catégories de crimes mises en jeu lors des accusations). Nous avons vu que le procès de Nuremberg, à travers le travail de Hannah Arendt, débouche sur la création juridique du génocide. Ainsi, il apparaît nécessaire de rechercher des notions liées à cette création juridique pour définir une reconnaissance, d'une part par un premier cercle de victimes que sont les victimes directes puis le second cercle que constitue tout être humain, tant ce crime de génocide touche l'existence même de l'humanité.

Deux notions peuvent permettre de rendre compte d'une définition de la reconnaissance que nous souhaitons par la suite intégrer dans la théorie d'Axel Honneth, principalement fondée sur une justice sociale.
Ces deux notions sont l'imprescriptible et le pardon.

---

147 HONNETH Axel, 2010, *La lutte pour la reconnaissance,* Cerf, Paris, traduction RUSCH Pierre, p. 203.

2.7 L'imprescriptible et le pardon

Le lien entre ces deux notions est le temps. L'imprescriptible sur le plan juridique permet de juger un crime sans limite de temps. Cette notion remet en question la notion de temps historique. En effet, sur le plan strictement juridique, la découverte de charnier dont la datation remonterait au Moyen-Âge, pourrait alors être introduite en justice comme massacres, voire comme génocide si une notion ethnique pouvait être dégagée. Mais on voit ici l'incongruité : le Moyen-Âge appartient sans aucun doute à l'Histoire, quel avocat pénaliste se lancerait ce jour dans une justice de génocide qui aurait pu être perpétré il y a plusieurs siècles ? Or la question reste posée pour des événements plus récents, notamment concernant l'Arménie. L'imprescriptible n'apparaît pas, de façon très intuitive nous le voyons, comme immuable dans le sens où le génocide sera effectivement jugé même dans des siècles. Il y a un temps que l'on peut donc appeler historique, où existe aussi un sentiment de « justice » car il y a une histoire « vraie » et une histoire « fausse » (idée du négationnisme) d'où naissent des débats passionnés entre historiens sur l'interprétation des faits, la justice se rapportant alors d'une part à la vérité et d'autre part à la volonté de ne pas oublier certains faits (une histoire objective comprenant la totalité des faits serait alors une histoire juste ?), mais la différence par rapport au temps judiciaire se situe au niveau de la méthodologie employée, de la volonté de rendre un jugement (l'historien, si par sa partialité effective du fait qu'il analyse lui-même les faits en tant qu'homme avec ses failles, n'a pas pour vocation de rendre un jugement), un jugement qui a un but. Ce but est tourné vers les victimes (premier cercle, et deuxième cercle comme nous l'avons évoqué). Or lorsqu'effectivement le premier cercle de victimes disparaît (après quelques décennies), lorsqu'il n'y a plus de témoignages vivants des faits, seul le second cercle persiste (l'humanité). Dans ce cas, la méthodologie se rapproche de celle de l'historien car le jugement qui sera rendu perdra par exemple le but direct d'indemnisation des victimes.

Même si l'imprescriptible inscrit par définition un sens intemporel, nous mettons en exergue un temps judiciaire, plus pragmatique (mise en place d'un tribunal, avec les difficultés financières que cela engendre, et, au final, la limite du temps judiciaire n'est-elle pas une limite financière ?) et un temps historique qui va se propager au sein du second cercle de victimes : l'humanité dans son essence. Or le lien entre les deux temps et l'intemporalité de la définition de l'imprescriptible se trouve dans la reconnaissance. La reconnaissance du statut de victime pour les victimes du premier cercle, donc principalement pour le premier temps : le temps judiciaire et la reconnaissance d'un crime niant l'humanité pour le second temps : le temps historique. La reconnaissance se crée ainsi lors du temps judiciaire, ce qui semble être corroboré par la volonté de juger ceux ayant commandité les massacres lors de la Shoah : le génocide est d'abord une création juridique dès 1945. Puis la reconnaissance est l'ancrage dans la mémoire de l'humanité du génocide, en ce sens, elle devient intemporelle.

Parallèlement, nous avons évoqué une autre notion primordiale : le pardon. La reconnaissance d'un acte permet-elle de surpasser cet acte ? La question posée de façon plus pragmatique est la suivante : comment le Rwanda se reconstruit-il après le génocide de 1994 ?

Le pardon est une notion aussi liée à la question du temps. Et on peut se demander si le pardon pour un crime commis comme le génocide est possible, et même s'il est nécessaire ?

Le pardon est donc lié à la reconstruction : comment continuer à vivre en ayant vécu un tel drame, la reconnaissance aide-t-elle à la reconstruction, aide-t-elle au pardon, le pardon aide-t-il à la reconstruction ?

La reconnaissance est alors un processus permettant le passage d'un temps judiciaire à un temps historique, processus qui pose la question de la reconstruction, question pratique, question aussi morale (morale kantienne), question de l'essence de l'humanité quant au rapport de cette reconnaissance face au crime de génocide.

« Il n'est pas difficile de comprendre pourquoi le devoir de pardonner est devenu aujourd'hui notre problème. Le pardon que l'on doit accorder à l'offenseur et au persécuteur est en effet exceptionnellement difficile pour une certaine catégorie d'humiliés et d'offensés : pardonner est un effort sans cesse à recommencer, et personne ne s'étonnera si nous disons que l'épreuve est dans certains cas à la limite de nos forces. Mais c'est que le pardon au sens strict est effectivement un cas-limite, comme peuvent l'être le remords, le sacrifice et le mouvement de la charité. Il est bien possible qu'un pardon pur de toute arrière-pensée n'ait jamais été accordé ici-bas, qu'une dose infinitésimale de rancune subsiste en fait dans la rémission de toute offense : tel cet impondérable calcul, tel ce motif microscopique d'intérêt-propre qui subsistent en cachette dans les souterrains du désintéressement, telle l'imperceptible petite spéculation qui fait du désespoir un *disperato* de théâtre et qui est l'impure conscience de la mauvaise conscience. »[148].

La notion de temporalité est présente chez Jankélévitch : « Le pardon, à cet égard, est bien dirigé dans le sens de l'évolution, laquelle va toujours de l'avant ; le pardon s'oppose à la rancune comme le se-faisant au tout-fait. Montrons de quelle manière le pardon confirme la dimension naturelle du devenir et infirme la résistance opiniâtre des hommes à ce devenir. Car il y a dans toute temporalité un recto et un verso, une position et une négation... Revenir c'est encore advenir. Le devenir est toujours à l'endroit (...) »[149]. Le pardon, s'oppose ainsi à un retour du passé soulevant la même violence initiale, selon une vision temporelle donnant néanmoins un *sens* temporel. « L'agressive rancune résiste au devenir ; et le pardon, au contraire, le favorise en le débarrassant des impedimenta qui l'alourdissent ; il nous guérit de l'hypertrophie rancunière : la conscience, ayant liquidé ses vieilles rancunes, ressemble à un voyageur sans bagages ; elle va d'un pas léger au-devant de la vie ; ou si l'on préfère la dimension verticale : la conscience, allégée du poids des souvenirs et des ressentiments, surmonte la pesanteur comme un aéronaute et s'élève d'un bond vers la hauteur après avoir jeté du lest. »[150].

Jankélévitch a publié quelques textes sur le pardon et l'imprescriptible, notamment sur le sujet précis de la Shoah.

---

148 JANKELEVITCH Vladimir, 1967, *Le Pardon,* Aubier, philosophie, Paris, p. 7.

149 JANKELEVITCH Vladimir, 1967, *op. cit.*, p. 22.

150 JANKELEVITCH Vladimir, 1967, *op. cit.*, p. 24.

Nous allons tout d'abord redire ici que nous ne souhaitons pas comparer la Shoah avec le génocide rwandais. La banalisation du génocide comme crime est ce contre quoi nous souhaitons lutter ici. Ainsi le discours de l'unicité de la Shoah ne doit pas être interprété comme le fait de rendre subalterne des massacres qui ont été perpétrés dans les décennies suivantes. « Ce qui est arrivé est unique dans l'histoire et sans doute ne se reproduira jamais, car il n'en est pas d'autres exemples depuis que le monde est monde ; un jour viendra où on ne pourra même plus expliquer ce chapitre à jamais inexplicable dans les annales de la haine. On éprouverait quelque soulagement à banaliser ce cauchemar : une guerre comme toutes les autres, gagnée par l'un, perdue par l'autre, et accompagnée par les malheurs inévitables de la guerre – il n'y aurait, dans ces abstractions, rien que de très ordinaire, rien qui puisse déranger la quiétude d'une bonne conscience, ni troubler le sommeil de l'inconscience. Mais non, le sommeil ne revient pas. Nous y pensons le jour, nous en rêvons la nuit. Et puisqu'on ne peut cracher sur les touristes, ni leur jeter des pierres, il reste une seule ressource : se souvenir, se recueillir. »[151].

Voici ce que précise l'éditeur (Editions du Seuil), en 1986 concernant les textes de Jankélévitch auxquels nous nous référons : « *Pardonner ?* a paru initialement en 1971 aux Editions le Pavillon, dirigées par Roger Maria. *Dans l'honneur et la dignité,* en 1948, dans *les Temps modernes.* Ces deux textes particulièrement complémentaires étaient devenus introuvables. Ils sont réunis ici sous le titre : *L'imprescriptible*, qui fut celui que choisit Vladimir Jankélévitch lorsqu'il exprima, en 1956, dans la *Revue administrative,* les thèses contenues dans *Pardonner ?*. »[152]. Il faut aussi se remettre dans le contexte des années 1950 puis 1960 lors de l'écriture des textes cités ici : dans l'avertissement qu'il fait, Jankélévitch réaffirme la volonté du non-oubli : « On entend dire parfois que les déportés, les Juifs, les résistants commencent à fatiguer leurs contemporains en évoquant trop souvent Auschwitz et Oradour.

151 JANKELEVITCH Vladimir, 1986, *L'imprescriptible, Pardonner ?, Dans l'honneur et le dignité,* Editions du Seuil, Paris, p. 61-62.

152 JANKELEVITCH Vladimir, 1986, *op. cit.*, p. 5.

Nos contemporains, paraît-il, en ont assez. Ils voudraient bien qu'on parlât d'autre chose... Les survivants du massacre sont sur ce point d'un autre avis. Nous nous permettrons donc, dans le présent écrit, de contribuer à la lassitude de ceux que tant d'horribles souvenirs dérangent. Notre ami Henry Bulawko, président de l'Amicale des anciens déportés juifs de France, n'a pas jugé, lui, que ces pages, pourtant tardives, fussent anachroniques. Nous ne saurions dire tout ce que lui doit leur parution. Qu'il veuille bien trouver ici l'expression de notre fraternelle gratitude. Notre amicale reconnaissance va également à Roger Maris, sans qui *Pardonner?* serait resté éternellement inédit. Cet écrit développe les thèses que nous défendions en 1965 lors des polémiques relatives à la prescription des crimes hitlériens : sous le titre *l'Imprescriptible* nous avions, en février 1965, plaidé contre le pardon dans la *Revue administrative*, et nous remercions aujourd'hui le directeur de cette revue, M. Robert Catherine, dont l'amitié permit ainsi à notre voix de se faire entendre. »[153]. Puis il poursuit sur le pardon : « Dans une étude purement philosophique sur le Pardon, que nous avons publiée par ailleurs, la réponse à la question *Faut-il pardonner ?* Semble contredire celle qui est donnée ici. Il existe entre l'absolu de la loi d'amour et l'absolu de la liberté méchante une déchirure qui ne peut être entièrement décousue. Nous n'avons pas cherché à réconcilier l'irrationalité du mal avec la toute-puissance de l'amour. Le pardon est fort comme le mal, mais le mal est fort comme le pardon. »[154]. Ainsi, la question que pose Jankélévitch en 1965 est celle du Pardon : « Est-il temps de pardonner, ou tout au moins d'oublier ? Vingt ans sont, paraît-il, suffisants pour que l'impardonnable devienne miraculeusement pardonnable : de plein droit et du jour au lendemain l'inoubliable est oublié. Un crime qui était inexpiable jusqu'en mai 1965 cesse donc subitement de l'être à partir de juin : comme par enchantement... Et ainsi l'oubli officiel ou légal commence ce soir à minuit. »[155]. C'est une véritable lutte contre

153 JANKELEVITCH Vladimir, 1986, *op. cit.*, p. 14.
154 JANKELEVITCH Vladimir, 1986, *op. cit.*, p. 14-15.
155 JANKELEVITCH Vladimir, 1986, *op. cit.*, p. 17.

l'oubli que l'auteur engage, il va ainsi revenir sur la première notion que nous avons évoquée : l'imprescriptible. « Disons-le d'abord nettement : tous les critères juridiques habituellement applicables aux crimes de droit commun en matière de prescription sont ici déjoués. D'abord il s'agit d'un crime international, et les Allemands n'ont pas à nous reprocher notre immixtion dans leurs affaires ; ce ne sont pas « leurs affaires ». Cette affaire-là est l'affaire de toutes les nations piétinées. L'Allemagne, c'est-à-dire l'accusée, est bien plutôt le seul pays qui n'ait pas à se mêler de cette question. Ensuite, l'assassinat de ces millions de Juifs, de résistants, de Russes n'est pas un fait divers tel que, par exemple, le meurtre d'une rentière survenu à Montélimar il y a vingt ans. Les crimes allemands sont des crimes à tous points de vue exceptionnels ; par leur énormité, leur incroyable sadisme... Mais avant tout, ce sont, dans le sens propre du mot, des crimes *contre l'humanité,* c'est-à-dire des crimes contre l'essence humaine ou, si l'on préfère, contre l'« hominité » de l'homme en général. »[156].

En montrant la spécificité du crime de génocide, le philosophe rappelle la singularité d'une étude du génocide : ainsi, une extension de la théorie de la reconnaissance comme nous souhaitons la mettre en exergue, a une place à part dans les trois niveaux définis par Honneth. Nous verrons s'il faut déterminer un quatrième niveau, ou si la théorie de la reconnaissance que nous abordons nécessite une théorie tout à fait spécifique, qui se détacherait totalement des préceptes de Honneth. Il n'en est pas moins primordial de comprendre ce qu'est le moteur d'une telle théorie. Or Jankélévitch le mentionne très clairement dans son essai à propos de la Shoah : « En présence d'un crime aussi révoltant, le mouvement naturel d'un homme de cœur n'est pas de se précipiter aux Archives ni de rechercher dans le passé des violences plus ou moins comparables ; un homme de cœur ne se demande pas de quelle manière il disculpera les coupables ou excusera les horribles bourreaux : le mouvement naturel d'un homme de cœur est de s'indigner contre l'oubli et de poursuivre les criminels, comme les juges du tribunal allié de Nuremberg l'avaient promis,

156 JANKELEVITCH Vladimir, 1986, *op. cit.*, p. 21-22.

jusqu'au bout de la terre. Mais nos distingués casuistes ont mieux à faire : il faut absolument escamoter l'atroce génocide et trouver dans l'histoire d'autres Auschwitz qui dilueront l'épouvante du vrai Auschwitz. Cette inversion des mouvements les plus naturels du cœur et de la raison, je ne puis l'appeler que *perversité.* »[157].

L'auteur conclut son essai *Pardonner?* par : « Aujourd'hui, quand les sophistes nous recommandent l'oubli, nous marquerons fortement notre muette et impuissante horreur devant les chiens de la haine ; nous penserons fortement à l'agonie des déportés sans sépulture et des petits enfants qui ne sont pas revenus. Car cette agonie durera jusqu'à la fin du monde. »[158].

Ainsi, s'il y a bien une lutte comme le préconise Honneth dans le titre de son ouvrage dans le cadre de sa théorie de la reconnaissance, le terme est tout à fait idoine. En effet, la reconnaissance apparaît comme une lutte contre l'oubli. Elle apparaît comme un combat en vue de permettre le passage du temporel, en particulier judiciaire, à l'intemporel, ou tout au moins, le temporel historique. Nous avons employé le terme de processus précédemment, en vue de qualifier la reconnaissance, nous pouvons aller plus loin. Si la reconnaissance est un processus, elle est alors un phénomène continu. Or, nous employons aussi le terme de lutte : une lutte est ainsi sporadique, ponctuelle. La reconnaissance est ainsi, en utilisant un vocable de la discipline physique, un train d'ondes constituée d'une onde porteuse, une enveloppe générale, qui crée la continuité (d'où l'utilisation du processus) et, au sein de cette onde porteuse, de cette enveloppe, des ondes sinusoïdales présentant un combat permanent, avec un recul possible de la reconnaissance, et une avancée possible : ce qui peut entraîner des discontinuités. D'où le terme de lutte.

Le lien entre la reconnaissance, la justice (au sens juridique, et non moral), et le temps se retrouve dans les deux notions que nous avons vues : l'imprescriptible et le pardon, décrites par Jankélévitch. Jacques Derrida va reprendre aussi les

---

157 JANKELEVITCH Vladimir, 1986, *op. cit.*, p. 39.

158 JANKELEVITCH Vladimir, 1986, *op. cit.*, p. 62-63.

travaux de Jankélévitch dans un court essai qui sera publié plusieurs décennies après 1965. Notamment, concernant le pardon, voici ce que note Derrida : « Mais cette éloquence pamphlétaire n'est pas seulement une rhétorique de circonstance. Nous devons d'autant plus la prendre au sérieux et y prêter attention qu'elle relève de la logique dominante, de la logique la plus forte, la plus traditionnelle de la sémantique religieuse et spiritualiste du pardon, qui l'accorde au repentir, à la confession, à la demande de pardon, à l'aptitude à expier, à se racheter etc. Une des grandes difficultés qui nous attendent, en effet, tient au fait que l'éthique hyperbolique qui nous guidera aussi est *à la fois* dans le sillage de cette tradition *et* incompatible avec elle. C'est comme si cette tradition elle-même comportait en son cœur une inconséquence, une puissance virtuelle d'implosion ou d'autodestruction, une puissance d'impossible. Elle exigera de nous une fois encore la force de re-penser ce que veut dire la possibilité de l'im-possible ou l'im-possibilité du possible. Là où, en effet, il y a l'impardonnable comme inexpiable, là où Jankélévitch en conclut en effet que le pardon devient impossible, et que l'histoire du pardon prend fin, nous nous demanderons si paradoxalement la possibilité du pardon comme tel, s'il y en a, ne prend pas son origine. Nous nous demanderons si le pardon ne commence pas là où il paraît finir, où il paraît im-possible, justement à la fin de l'histoire du pardon, de l'histoire comme histoire du pardon. »[159].

Mais Derrida, s'il pointe la difficulté de l'impardonnable que soutient Jankélévitch, va conclure, au fond, sur un non-sens du pardon : « Je dois demander pardon – *pour* être juste. Entendez bien l'équivoque de ce « pour ». Je dois demander pardon afin d'être juste ; mais aussi bien je dois demander pardon pour être juste, pour le fait d'être juste, parce que je suis juste, parce que, pour être juste, je suis injuste et je trahis. Je dois demander pardon pour (le fait) d'être juste. Parce qu'il est injuste d'être juste. Je trahis toujours quelqu'un pour être juste ; je trahis toujours l'un pour l'autre, je parjure comme je respire.

---

159 DERRIDA Jacques, 2005, *Pardonner : l'impardonnable et l'imprescriptible,* L'Herne, Paris, p. 31-32.

Et c'est sans fin, car non seulement je demande toujours pardon pour un parjure mais je risque toujours de parjurer en pardonnant, de trahir quelqu'un d'autre en pardonnant, car on est voué à toujours pardonner (abusivement, donc) au nom d'un autre. »[160] Ainsi, il faut pour pouvoir réellement pardonner, pardonner tout un chacun selon une chaîne infinie, rendant le pardon vide de sens, car impossible à réaliser.
Même selon la vision de Derrida, le pardon, si l'on tient à distance l'approche spiritualiste, fait appel à l'émotion. Le pardon se lie alors à l'intemporel de la définition de l'imprescriptible, ou tout au moins, se lie dans les temps judiciaire et historique de l'imprescriptible.

Nous retrouvons alors la volonté de lutte contre l'oubli par l'émotion. L'émotion étant le retentissement humain d'une reconnaissance. « Là où on ne peut rien « faire », on peut du moins *ressentir*, inépuisablement. C'est sans doute ce que les brillants avocats de la prescription appelleront notre ressentiment, notre impuissance à liquider le passé. Au fait, ce passé fut-il jamais pour eux un présent ? Le sentiment que nous éprouvons ne s'appelle pas rancune, mais horreur : horreur insurmontable de ce qui est arrivé, horreur des fanatiques qui ont perpétré cette chose, des amorphes qui l'ont acceptée, et des indifférents qui l'ont déjà oubliée. Le voilà notre « ressentiment ». Car le « ressentiment » peut être aussi le sentiment renouvelé et intensément vécu de la chose inexpiable ; il proteste contre une amnistie morale qui n'est qu'une honteuse amnésie ; il entretient la flamme sacrée de l'inquiétude et de la fidélité aux choses invisibles. L'oubli serait ici une grave insulte à ceux qui sont morts dans les camps, et dont la cendre est mêlée pour toujours à la terre ; ce serait un manque de sérieux et de dignité, une honteuse frivolité. »[161].

---

160 DERRIDA Jacques, 2005, *op. cit.* , L'Herne, Paris, p. 89.
161 JANKELEVITCH Vladimir, 1986, *op. cit.*, p. 62.

2.8 Définition de la reconnaissance

Essayons de dégager des analyses précédentes une théorie de la reconnaissance en lien direct avec l'ouvrage d'Axel Honneth *La lutte pour la reconnaissance.*

Revoyons tout d'abord la justification donnée par Honneth de l'écriture de son ouvrage : « Ce livre, issu d'une thèse d'habilitation, est une tentative pour tirer du modèle hégélien d'une « lutte pour la reconnaissance » les fondements d'une théorie sociale à teneur normative. Le projet m'en a été suggéré par les résultats auxquels avait abouti un précédent travail sur la critique du pouvoir : on ne peut intégrer dans le cadre d'une théorie de la communication les perspectives sociologiques ouvertes par les analyses historiques de Michel Foucault qu'en recourant à l'idée d'une lutte sociale fondée sur les mobiles moraux. »[162].

Or comment pouvons-nous étendre cette théorie à la reconnaissance de crime de génocide, et, dans un premier temps, qu'est-ce que la reconnaissance dans le cadre d'une extension de la théorie de Honneth ?

La reconnaissance sera vue ici dans un sens étymologique : nous devrions l'écrire re-connaissance. Ceci implique une connaissance des faits. Puis une re-connaissance, c'est-à-dire une remémoration de la connaissance initiale, qui doit être alors démontrée. La première étape se constitue par la connaissance, dans le domaine judiciaire : nous revenons ainsi aux deux temps précédemment décrits (le temps judiciaire et le temps historique), amenant ainsi la connaissance, inscrite dans une unité temporelle, pour un passage à une reconnaissance : une connaissance perpétuelle, inscrite dans une dimension intemporelle qui sera alors la mémoire de l'humanité. La reconnaissance est celle de la lutte contre l'oubli, du processus perpétuel – entre une onde porteuse et des ondes sinusoïdales s'inscrivant au sein de cette onde porteuse – de connaissance

162 HONNETH Axel, 2010, *op. cit.*, p. 7.

des faits. La connaissance des faits est la description des actes commis, en prenant en compte la totalité des paramètres auxquels les témoins, puis les juges, avocats etc... lors du temps judiciaire, puis les historiens, philosophes etc... lors du temps historique, ont accès. Ceci signifie que la connaissance, celle des faits, va évoluer en fonction des paramètres significatifs mis en exergue (par exemple, de nouveaux témoignages lors du temps judiciaire, de nouveaux charniers découverts, lors de l'exemple du Rwanda en 1994), la reconnaissance est alors le combat perpétuel, la lutte pour entretenir la réalité des faits et pour la rendre de plus en plus présente au sein de la mémoire de l'humanité. Au fond, il s'agit d'une lutte de l'interprétation des faits.

Il y a donc bien un combat à mener, mais il n'est pas fonction des classes sociales, en revanche, il s'appuie sur des « mobiles moraux ».

La reconnaissance, processus perpétuel de l'interprétation des faits, amène à d'autres types de reconnaissance, comme celle du statut de victime, et celle du statut de bourreau. Mais la reconnaissance que nous mettons en exergue dans cette théorie est celle qui se situe au-dessus du cas particulier pour atteindre l'intérêt général représenté par la notion d'humanité.

La reconnaissance est donc, dans notre vision, une création infinie de la mémoire de l'humanité, et par là, une création perpétuelle de l'essence même de l'humanité.

Or, dans le cadre de la théorie d'Axel Honneth, trois niveaux sont définis, fondés principalement sur les trois niveaux initiaux de Hegel. Nous avons déjà mentionné ces trois niveaux de Honneth, mais dans le cadre d'une extension de la théorie que nous avons présentée, il est important de les remémorer afin de savoir comment placer la reconnaissance du crime de génocide : faut-il ainsi créer un quatrième niveau ? Faut-il intriquer une autre forme de reconnaissance ? Comment clairement « étendre » la théorie sociale de Honneth ?

Pour cela, revoyons les trois catégories et leurs caractéristiques. Il y a la première forme de reconnaissance, les relations primaires (amour, amitié), caractérisées par les affects et les besoins, la deuxième forme correspond aux relations juridiques, caractérisées par la responsabilité morale et enfin la troisième forme est la solidarité (communauté de valeurs), caractérisée par les capacités et qualités.

La reconnaissance que nous avons commencé à décrire pour une extension de la théorie de Honneth est perçue comme une création perpétuelle de la mémoire de l'humanité. Mais elle prend essor à travers un commencement d'exécution juridique : seul le droit bafoué, reconnu comme tel, *id est*, il est admis par la communauté « humaine » que le crime commis est un génocide, bafouant l'existence et l'essence même de l'être humain, alors, une justice avec fondement juridique donne en premier lieu un sens par le droit international.

Ainsi, si nous revenons à la théorie de Honneth, la dimension juridique - donc le deuxième niveau - est clairement prise en compte dans la reconnaissance que nous souhaitons mettre en exergue.

De plus, la forme juridique prend elle-même en compte le premier niveau de Honneth. Cet argument reste réel pour de nombreuses formes juridiques, mais elle est clairement présente pour le crime de génocide. Si nous connaissons le crime de génocide comme constitué au sens juridique, nous verrons que cette justice se fonde sur des témoignages, sur de nombreuses preuves de relations directes entre les différents individus qui ont été victimes mais aussi bourreaux. L'amour et l'amitié comme relation interpersonnelle sont donc éléments constitutifs intrinsèquement de ce qui deviendra une preuve au sens juridique, admise par un tribunal présidé par un juge. Ceci est d'autant plus poignant, que le génocide rwandais que nous souhaitons analyser, a été perpétré par des voisins de Tutsi, par des connaissances amicales, tout au moins connues depuis de nombreuses années par les victimes : le sens de l'amour et de l'amitié devient ici une incompréhension d'une violence paroxystique en avril 1994.

Ainsi, la reconnaissance que nous développons est fondée sur le deuxième niveau de Honneth (juridique), lui-même fondé sur le premier niveau de Honneth (l'interpersonnel au sens amour, amitié). Enfin, le troisième niveau de Honneth ne constitue-t-il pas l'élément global de notre reconnaissance ? En effet, la création perpétuelle de l'essence même de l'humanité met en exergue la communauté de valeurs.

Nous voyons, de façon succincte, que l'extension de la théorie de Honneth englobe, en fait, les trois niveaux qu'il a définis, mais va au-delà des trois niveaux. En effet, la reconnaissance du génocide rwandais va constituer la notion d'humanité que nous avons explicitée. Cette notion est fondamentale, car elle permet de justifier d'une part l'entreprise présente, tout en permettant l'établissement d'une « vérité historique ». Nous entendons par « vérité historique » exactement la définition de la reconnaissance que nous avons faite : un processus perpétuel de l'interprétation des faits. Il paraît paradoxal, dans un premier temps, de stipuler que l'interprétation des faits est une vérité historique, l'interprétation étant subjective nécessairement, et la vérité étant alors objective, surtout si elle est, de plus « historique » ; or, le rôle principal des historiens est de tendre vers cette objectivité. Mais, si la limite à l'infini de l'historien est l'objectivité, dans le monde réel, qui lui, est fini, il n'est donc pas possible d'atteindre l'objectivité, il reste toujours une part subjective.

La reconnaissance telle que nous l'observons, a donc une finalité qui est l'humanité. Or, dans les trois niveaux de Honneth, si le troisième niveau tend à signifier, par la solidarité, par la communauté de valeurs, un aspect supplétif de l'estime sociale, la reconnaissance du génocide rwandais est un élément au-delà de ce niveau. Il ne prend pas en compte uniquement l'aspect social, il s'en détache clairement pour faire appel à l'essence même de l'être humain, il va au-delà de la solidarité, pour faire appel à une vision globalisante de l'être humain. Cette vision globalisante est l'humanité elle-même. Elle est un creuset de son image présente, passée et future. Elle permet ainsi une connexion entre les trois niveaux de reconnaissance sociale.

La reconnaissance de Honneth peut être interprétée en terme d'approche de micro-reconnaissance et de macro-reconnaissance. Le premier niveau est clairement de la micro-reconnaissance (à l'instar de la micro-économie), faisant appel aux rapports dénombrables des individus. Les deux autres niveaux sont du ressort de la macro-reconnaissance (à l'instar de la macro-économie), faisant appel à des ensembles d'individus et des relations intersubjectives qui les lient. Mais la reconnaissance que nous développons est au-delà de la macro-reconnaissance. Car elle ne met pas des relations entre groupes d'individus. Justement, la notion de groupe, et notamment de groupe ethnique, pour le crime de génocide, va disparaître, pour laisser place à la notion d'humanité. Celle-ci est au-delà des groupes d'individus que l'on peut artificiellement former, de quelque point de vue que ce soit (social par exemple). La finalité de la reconnaissance est donc tout à fait différente de la reconnaissance à fondement social de Honneth. Mais il s'agit bien d'une extension de la théorie de Honneth, dans le sens où, premièrement, le terme de « lutte » est tout à fait adéquat pour l'étude du crime de génocide (à travers la lutte contre l'oubli : la création d'un processus pour la reconnaissance), dans un sens où, deuxièmement, il y a une prise en compte des trois niveaux de Honneth, amour, juridique, solidarité et dans un sens où, troisièmement, cette extension fondée sur la théorie de Honneth va déboucher sur une nouvelle théorie de la reconnaissance, vue comme processus perpétuel de l'interprétation des faits amenant à la justification, *in fine*, de l'existence de la notion d'humanité.

Arrivés à cette partie de notre argumentation, nous pouvons expliciter le choix de l'analyse du génocide rwandais comme exemple de l'extension de la théorie de la reconnaissance de Honneth. En effet, ce crime, paroxystique (singularité historique), imprescriptible (singularité juridique), reste, nous l'avons vu avec l'étude du travail d'Arendt, un crime hors norme, qui nécessite une juridiction propre, internationale (nous allons l'étudier plus en détail), mais aussi toute une philosophie propre, la philosophie classique de la reconnaissance de Honneth, fondée elle-même sur Hegel, n'étant ici pas suffisante. Les éléments anthropologiques et historiques que nous avons précédemment cités, mettent en exergue la disparité des plausibles causalités multifactorielles qui peuvent amener le Rwanda au printemps 1994 au déferlement de violence inouï qui s'est déroulé en quelques semaines. Mais, ces causalités ne sont en rien une justification des crimes, elles permettent seulement d'exposer le déroulement des faits, indispensable concernant l'implication des multiples génocidaires dans les massacres, lors de l'entreprise de procès.

Cet élément peut néanmoins correspondre, par analogie, à la volonté de Honneth dans la reconnaissance sociale. Les causalités multifactorielles du développement de l'individu social d'une part, puis du développement de la société en général, existent et sont en effet analysées pour aboutir à la notion de « lutte » pour la reconnaissance. À la différence que ces causalités, si elles peuvent être historiques, sont aussi ancrées dans le présent et possiblement modifiées. Les causalités, dans le cadre du génocide rwandais, ne sont qu'historiques, et ne peuvent être ancrées dans le présent, tant le crime reste singulier de par son paroxysme.

800 000 morts (estimation admise, mais aujourd'hui encore, de nouveaux charniers sont découverts). Devant ce chiffre, le paroxysme, le déferlement de la violence lors du génocide ne peut être comparé à aucun autre. La reconnaissance, des victimes et des familles de victimes, est, nous l'avons indiqué, plus que jamais, une lutte pour que le processus perpétuel d'interprétation des faits se poursuive dans le temps judiciaire, puis dans le temps historique. Et les causalités historiques, qui sont autant de preuves de l'existence du génocide, ne peuvent pas expliquer les massacres en eux-mêmes : pourquoi le voisin, l'habitant de tel village qui n'a pas nécessairement de liens directs avec les organisateurs du génocide, pourquoi celui-ci a pris une machette et s'est transformé en génocidaire ? L'ampleur d'un tel massacre, d'un tel génocide, reste incompréhensible par le nombre important des habitants ayant pris part à ce génocide. De nombreux analystes (comme Claudine Vidal) tentent de le prouver. Ainsi, nous voyons qu'à travers une extension de la théorie de la reconnaissance, nous ne questionnons pas directement pourquoi le génocide a eu lieu, comment les hommes, car en fait, il s'agit bien de cela, ont-ils pu se massacrer alors que nombre d'entre eux, n'étaient pas extrémistes et n'étaient pas directement embrigadés dans une haine raciale. Si nous ne questionnons pas directement, nous le questionnons indirectement à travers la notion d'humanité, notion vers laquelle tend notre extension de la théorie de la reconnaissance.

En effet, nous imaginons que l'humanité est la reconnaissance globalisante de toutes les formes de reconnaissance, notamment celles développées par Axel Honneth, mais l'idée de cette humanité, si elle reste le but vers laquelle tend notre extension (et par voie de conséquence, notre lutte), peut-elle être atteinte ? Est-ce, comme la question de la subjectivité et de l'objectivité, une limite à l'infini, ou est-ce une limite réelle, atteignable, c'est-à-dire réaliste plus qu'idéaliste ? Nous ressentons évidemment cette objection faite à notre extension, d'une lutte idéaliste, beaucoup trop abstraite, qui si elle a un sens, à travers le but de « l'humanité », n'en a en fait aucun, puisque trouver un sens à un but inatteignable est au fond l'inexistence même du sens que nous voulons donner.

Dans son travail sur le totalitarisme et sur la Shoah, Hannah Arendt évoque aussi, sans l'expliciter, l'humanité. Nous retrouvons par exemple : « Le grand avantage d'un procès focalisé sur le crime perpétré contre le peuple juif était de faire apparaître – assez clairement pour qu'elle soit admise dans un futur code pénal international – la différence entre « crime de guerre », comme fusiller des partisans et tuer des otages, et les « actes inhumains », comme « expulser et anéantir » des populations entières de manière à rendre possible la colonisation par un envahisseur. Il avait aussi l'avantage de clarifier la différence entre les « actes inhumains » (dont le mobile, quoique criminel, était connu, comme l'expansion par la colonisation) et le « crime contre l'humanité », dont le mobile et le but étaient sans précédent. Mais à aucun moment du procès et nulle part dans le jugement, le tribunal de Jérusalem n'a mentionné ne serait-ce que la possibilité de l'extermination de groupes ethniques entiers - Juifs, Polonais ou Tsiganes – soit davantage un crime contre le peuple juif, le peuple polonais ou le peuple tsigane, et que l'ordre international et l'humanité tout entière en soient gravement atteints et menacés. »[163]

Ainsi, l'humanité, par la volonté d'une justice internationale instaure le « crime contre l'humanité ». Il s'agit donc bien d'une forme de reconnaissance de l'humanité, comme but final. Mais effectivement, le terme juridique reste aussi abstrait et est peut-être aussi un infini inatteignable. Néanmoins, nous voyons que ce but que représente la notion d'humanité

163 ARENDT Hannah, 2002, *op. cit.*, p. 1283-1284.

pour une extension de la théorie de la reconnaissance, dans le cadre du génocide rwandais, n'est pas une notion nouvelle. Elle apparaît dans le domaine juridique à l'issue de la Shoah ; mais si la Shoah est unique, et s'il ne demeure pas moins qu'il ne faut pas comparer le Rwanda en 1994 avec les massacres nazis des années 1940, la Shoah est un élément déclencheur de la prise de conscience de la notion d'humanité. Il est tout à fait possible d'envisager que cette prise de conscience décrit de façon implicite l'existence même de cette notion bien antérieurement à 1945. Il s'agit alors, d'une découverte, ou re-découverte par un processus de prise de conscience, d'une lutte, et par là même d'une re-connaissance des faits perpétrés. Il s'agit alors bien du but vers lequel tend une extension de la théorie de la reconnaissance que nous mettons en exergue pour le génocide rwandais, et qui reste applicable à la Shoah. En effet, nous avons mentionné que nous prenons l'exemple du génocide rwandais, il s'agit d'une application de notre extension de la théorie. Cette extension peut donc être totalement « utilisée ».

Il est primordial à ce stade de la réflexion, de prendre en compte l'aspect juridique du génocide et notamment du génocide rwandais. L'une des raisons du choix de l'exemple rwandais tient à ce que le Tribunal international pénal pour le Rwanda est toujours en activité, il est donc possible d'accéder plus simplement aux travaux de ce tribunal, à la création de celui-ci puis à sa disparition dans les mois à venir, selon la programmation envisagée. Les travaux de ce tribunal sont, en premier lieu, un travail juridique fondamental dans le but pragmatique d'un « code de la justice internationale pénale » pour reprendre l'allusion de Hannah Arendt, et reste aussi, pour le temps historique dont nous parlons, le début d'une lutte dans le processus perpétuel de l'interprétation des faits, pour la mémoire de l'humanité.

Nous allons étudier le travail et la jurisprudence du Tribunal international pour le Rwanda (TPIR), basé à Arusha. Plusieurs éléments sont importants dans cette étude. Nous pouvons relever plusieurs singularités. Tout d'abord, il s'agit de droit international. Sujet très peu abordé dans la littérature francophone, qui est pourtant une branche du droit primordiale, car relevant des faits du droit pénal les plus difficiles et atroces.

Nous verrons donc quelques éléments juridiques pour nous aider à comprendre la technicité de certains débats.
Une autre singularité est évidemment la mesure du travail à accomplir. Les contraintes sont immenses : en terme de procédures, de jugements, de portée des jugements, de nombre de prévenus, d'investigations, d'aspects financiers.
Enfin, l'étude de la jurisprudence peut-elle apporter des éclairages sur les faits lors du génocide de 1994 ? Peut-il y avoir des pistes nouvelles pour comprendre le pourquoi et le comment du génocide ?
Ce travail est aussi un travail historique. En étudiant la jurisprudence et les débats lors de procès, ce sont des témoignages de victimes, de bourreaux, qui ont un impact sur la vision du déroulement des faits.
Le travail du TPIR sera vu à la fois comme un travail juridique, mais aussi comme un document à portée historique.
En effet, nous l'avons mentionné, les preuves, les documents d'études, les sources pour un travail historique et anthropologique font défaut. Le TPIR a constitué une base documentaire de plusieurs milliers de pages qui sera ainsi utilisée. Nous expliciterons les biais que nous rencontrerons, mais il est indéniable que ce travail est à faire.

3
Approche juridique et synthèse de l'extension de la théorie de la reconnaissance

3.1 Fondements du TPIR, le génocide

Quelle est la définition de génocide sur le plan juridique, quel est le rôle du TPIR et quels sont ses fondements juridiques ?

L'ensemble de ces réponses se trouve dans la résolution 955 des Nations Unies du 8 novembre 1994. Cette résolution, à laquelle s'ajoute un certain nombre de résolutions ultérieures que nous analyserons si nécessaire, constitue les fondements juridiques du tribunal pénal international pour le Rwanda (TPIR).
En effet, le Conseil de Sécurité : « Décide par la présente résolution, comme suite à la demande qu'il a reçue du Gouvernement rwandais (S/1994/1115), de créer un tribunal international chargé uniquement de juger les personnes présumées responsables d'actes de génocide ou d'autres violations graves du Droit international humanitaire commis sur le territoire du Rwanda et les citoyens rwandais présumés responsables de tels actes ou violations commis sur le territoire d'États voisins, entre le 1er janvier et le 31 décembre 1994, et d'adopter à cette fin le Statut du Tribunal criminel international pour le Rwanda annexé à la présente résolution. »[164].

Plusieurs éléments sont alors à expliciter. Tout d'abord, le Conseil de Sécurité de l'ONU prend cette résolution selon le chapitre VII de la Charte des Nations Unies. Ce chapitre correspond à l'action en cas de menace contre la paix, de rupture de la paix et d'acte d'agression. Or, vu un précédent rapport sur la situation au Rwanda, le Conseil de Sécurité a considéré que « cette situation [continuait] de faire peser une menace sur la paix et la sécurité internationale. ». Il s'agit donc de donner un fondement juridique international à la résolution qui est prise.

---

164 S/RES/955.

C'est le premier point. Ensuite, ce tribunal a une mission précise sur le temps, le lieu, les personnes ainsi que les crimes. En effet, la compétence *ratione personae* correspond aux personnes physiques et les compétences *ratione loci* et *temporis* correspondent au territoire du Rwanda du 1er janvier 1994 au 31 décembre 1994. Ces dispositions sont reprises dans le statut du tribunal pénal international aux articles 5 et 7.

Enfin, cette résolution établit le caractère criminel : « actes de génocide et autres violations graves du Droit international humanitaire ».

Quelles sont les définitions données précisément de ces actes? Il faut aller les chercher dans le statut du TPIR aux articles 2, 3 et 4.

Voyons plus en détail l'article 2 :

« 1. Le Tribunal international pour le Rwanda est compétent pour poursuivre les personnes ayant commis un génocide, tel que ce crime est défini au paragraphe 2 du présent article, ou l'un quelconque des actes énumérés au paragraphe 3 du présent article.

2. Le génocide s'entend de l'un quelconque des actes ci-après, commis dans l'intention de détruire, en tout ou en partie, un groupe national, ethnique, racial ou religieux, comme tel :

a) Meurtre de membres du groupe ;

b) Atteinte grave à l'intégrité physique ou mentale de membres du groupe ;

c) Soumission intentionnelle du groupe à des conditions d'existence devant entraîner sa destruction physique totale ou partielle ;

d) Mesures visant à entraver les naissances au sein du groupe ;

e) Transfert forcé d'enfants du groupe à un autre groupe.

3. Seront punis les actes suivants :

a) Le génocide ;

b) L'entente en vue de commettre le génocide ;

c) L'incitation directe et publique à commettre le génocide ;

d) La tentative de génocide ;

e) La complicité dans le génocide. »[165].

---

165 Statut du TPIR.

Nous voyons que la qualification de génocide va comporter un dol général mais aussi un dol spécial. Nous reviendrons plus en détail sur cette particularité de la procédure pénale lors de l'étude du cas Akayesu.
Notons dès à présent l'intention contre « un groupe national, ethnique, racial ou religieux ».
Ensuite, le tribunal est compétent pour l'acte de génocide tel que précédemment défini, mais aussi la complicité, la tentative, l'incitation et l'entente. Nous observerons en détail la reprise de ces qualifications lors des jugements du tribunal.
L'article 3 du statut définit les crimes contre l'humanité :
« Le Tribunal international pour le Rwanda est habilité à juger les personnes responsables des crimes suivants lorsqu'ils ont été commis dans le cadre d'une attaque généralisée et systématique dirigée contre une population civile quelle qu'elle soit, en raison de son appartenance nationale, politique, ethnique, raciale ou religieuse :
a) Assassinat ;
b) Extermination ;
c) Réduction en esclavage ;
d) Expulsion ;
e) Emprisonnement ;
f) Torture ;
g) Viol ;
h) Persécutions pour des raisons politiques, raciales et religieuses ;
i) Autres actes inhumains. »[166].

Enfin l'article 4 du statut définit :
« Le Tribunal international pour le Rwanda est habilité à poursuivre les personnes qui commettent ou donnent l'ordre de commettre des violations graves de l'Article 3 commun aux Conventions de Genève du 12 août 1949 pour la protection des victimes en temps de guerre, et du Protocole additionnel II aux dites Conventions du 8 juin 1977. Ces violations comprennent, sans s'y limiter :

---

166 Statut du TPIR.

a) Les atteintes portées à la vie, à la santé et au bien-être physique ou mental des personnes, en particulier le meurtre, de même que les traitements cruels tels que la torture, les mutilations ou toutes formes de peines corporelles ;
b) Les punitions collectives ;
c) La prise d'otages ;
d) Les actes de terrorisme ;
e) Les atteintes à la dignité de la personne, notamment les traitements humiliants et dégradants, le viol, la contrainte à la prostitution et tout attentat à la pudeur ;
f) Le pillage ;
g) Les condamnations prononcées et les exécutions effectuées sans un jugement préalable rendu par un tribunal régulièrement constitué, assorti des garanties judiciaires reconnues comme indispensables par les peuples civilisés ;
h) La menace de commettre les actes précités. »[167].

Nous voyons que nous nous situons tout d'abord, de façon générale, dans le cadre du droit international pénal, c'est-à-dire que les crimes qui seront jugés sont liés à l'internationalité alors qu'une autre branche du droit avec laquelle des liens peuvent être tissés, mais qui reste clairement distincte est le droit pénal international : il s'agit par exemple de juger un crime (comme un meurtre) par un Etat différent de l'endroit où le crime a été commis : les règles internes aux Etats s'appliquent. Il est nécessaire, en revanche, dans le cadre du droit international pénal qui nous intéresse ici, de créer une juridiction internationale comme cela est le cas pour le Rwanda. Cet élément de distinction est fondamental pour comprendre par la suite les travaux effectués dans le cadre du TPIR. De plus, cette distinction des deux branches du droit est assez classique dans l'ensemble des pays. Nous retrouvons ainsi : « Until the establishment of the international courts and tribunals in the 1990s, the concept of international criminal law tended to be used to refer to those parts of a State's domestic criminal law which deal with transnational crimes, that is, crimes with actual or potential transborder effects. This body of law is now more

167 Statut du TPIR

appropriately termed 'transnational criminal law'. A similar terminological distinction between 'international criminal law' (criminal aspects of international law) and 'transnational criminal law' (international aspects of national criminal law) can also be found in other languages, such as German ('Völkerstrafrecht' compared with 'Internationales Strafrecht'), French ('droit international pénal' and 'droit pénal international') and Spanish ('derecho internacional penal' and 'derecho penal internacional'). »[168].

Ainsi, nous nous situons à une intersection de différents droits afin de voir émerger le droit international pénal lié très concrètement à la notion de crimes contre l'humanité et au crime spécifique de génocide. « Tout comme les « lois de l'humanité » invoquées par Chateaubriand lors du massacre des prisonniers de Jafa, l'expression de « crimes contre l'humanité et la civilisation », ou de « lèse-humanité », puis de « crimes contre l'humanité », est longtemps restée en marge de la sphère juridique, associée à la rhétorique littéraire ou diplomatique plutôt qu'à la terminologie pénale. Il faut attendre 1945 pour que le crime contre l'humanité soit inscrit dans le Statut du Tribunal de Nuremberg. Mais le tribunal, incertain sur le droit coutumier, évita de le séparer des autres crimes visés par le Statut (crime contre la paix et crime de guerre), et le juge français Henri Donnedieu de Vabres put constater avec satisfaction, car il n'y croyait guère lui-même, que le crime s'était « volatilisé » au cours du procès. »[169]. Mireille Delmas-Marty indique que l'apparition des crimes contre l'humanité est tout à fait récente sur le plan juridique, nous l'avions évoqué avec les travaux de Hannah Arendt. Puis Delmas-Marty mentionne que la prise en compte au niveau national se fera encore plus tardivement : il faut attendre le nouveau code pénal de 1994 pour retrouver la notion de crimes contre l'humanité.
Nous retrouvons en effet à l'article 211-1 du code pénal : « Constitue un génocide le fait, en exécution d'un plan concerté

168 CRYER R., 2008, *International Criminal Law and Procedure,* Cambridge University Press, New York, p. 3.

169 DELMAS-MARTY Mireille, 2009, *Le crime contre l'humanité,* PUF, p. 3.

tendant à la destruction totale ou partielle d'un groupe national, ethnique, racial ou religieux, ou d'un groupe déterminé à partir de tout autre critère arbitraire, de commettre ou de faire commettre, à l'encontre de membres de ce groupe, l'un des actes suivants :
atteinte volontaire à la vie ; atteinte grave à l'intégrité physique ou psychique ; soumission à des conditions d'existence de nature à entraîner la destruction totale ou partielle du groupe ; mesures visant à entraver les naissances; transfert forcé d'enfants.
Le génocide est puni de la réclusion criminelle à perpétuité. ».

Comme l'explique Delmas-Marty, dès le premier jugement du TPIY (Tribunal pénal international pour l'ex-Yougoslavie), la volonté de marquer que le crime jugé est « contre l'humanité » est mis en exergue : « [...]lorsque les juges du Tribunal pénal international pour l'ex-Yougoslavie affirment, à l'appui de leur premier jugement de condamnation (jugement *Erdemovic*, 1996) : « Les crimes contre l'humanité transcendent l'individu puisque, en attaquant l'homme, est visée, est niée, l'Humanité. C'est l'identité de la victime, l'Humanité, qui marque la spécificité du crime contre l'humanité. ». Par cette formulation à la fois juridique (« crime », « victime ») et philosophique (« en attaquant l'homme, est visée, est niée, l'Humanité »), les juges entendaient marquer avec force la spécificité du crime contre l'humanité. »[170]. Delmas-Marty, à travers la question juridique, qui est aussi éthique, met en avant la limite et la singularité des crimes contre l'humanité en général et du génocide en particulier. Nous retrouvons les trois niveaux de la théorie de la reconnaissance de Honneth. Nous avons montré qu'il n'était pas possible, dans le cadre de l'extension de la théorie que nous souhaitons mettre en exergue, d'ajouter un autre niveau qui permettrait d'établir la reconnaissance du crime de génocide. « Mais le paradigme reste inachevé. Il est inachevé politiquement car la communauté humaine n'est pas la simple transposition de la communauté nationale à un échelon différent : soulignant l'échec d'une telle

---

170 DELMAS-MARTY Mireille, 2009, *op. cit.*, p. 3-4.

analogie, le juriste américain David Luban pose la question, laissée ouverte par John Rawls, de la représentation politique des intérêts de cette humanité-victime. Et l'inachèvement est aussi éthique car l'énumération toujours recommencée des interdits qualifiés de « crime contre l'humanité », ne fait que suggérer, mais sans jamais les définir, les critères qui caractériseraient l'inhumain. »[171]. Ainsi, la notion de génocide, qui prend naissance dans la conception juridique, nécessite un cadre de référence à part, dans la théorie de la reconnaissance comme processus perpétuel de l'interprétation des faits. Si nous employons le terme d'extension, cela ne signifie pas, comme nous le montrons, l'ajout d'un quatrième niveau dans la théorie de Honneth, mais une théorie parallèle, qui englobe néanmoins la totalité des trois niveaux d'Axel Honneth.

3.2 Emergence du droit international pénal

Nous allons revenir sur l'historique de la notion de génocide et de crime contre l'humanité, c'est-à-dire l'émergence du droit international pénal. Hervé Ascensio remonte au XIXème siècle en citant le début d'une codification internationale, en particulier vis-à-vis de ce qui deviendra le droit humanitaire. « Le XIXème siècle finissant avait été marqué par la première tentative de codification du droit international humanitaire, avec les Conférences de La Haye de 1899 et de 1907 fixant les « lois et coutumes de la guerre » et les modalités du règlement pacifique des différends. »[172]. La deuxième étape est l'après-Shoah. Au lendemain de la Seconde Guerre mondiale, la volonté de juger les crimes, distincts des crimes de guerre, va alors apparaître, mais les résultats, si l'on saisit évidemment le commencement d'exécution d'un droit international pénal, ne seront pas exactement ceux escomptés : « Après les premières tentatives de la Société des Nations et les horreurs de la Seconde Guerre mondiale, la création des

171 DELMAS-MARTY Mireille, 2009, *op. cit.*, p. 5-6.

172 ASCENCIO Hervé, 2000, *Droit international pénal,* Editions A. Pedone, Paris, p. 1.

tribunaux de Nuremberg et de Tokyo avait permis d'établir de nouveaux principes de justice pénale internationale. Malgré la consécration des « principes de Nuremberg » par les Nations Unies, malgré l'adoption de la Convention pour la prévention et la répression du crime de génocide le 9 décembre 1948, puis l'élaboration des Conventions de Genève du 12 août 1949, la guerre froide et la décolonisation allaient rendre vains – ou, pire, hypocrites – tous les efforts de la communauté internationale en la matière. »[173]. Il faut alors attendre les années 1990 pour voir se développer une véritable justice autour des crimes contre l'humanité et du crime de génocide en particulier.

Revenons sur le crime de génocide. Nous avons déjà cité l'article 2 du statut du TPIR. Mais la notion de génocide est créée antérieurement.

La Convention du 9 décembre 1948 est le premier texte qui définit juridiquement le génocide :

« Convention pour la prévention et la répression du crime du génocide

Conclue à New York le 9 décembre 1948

Les Parties contractantes

Considérant que l'Assemblée générale de l'Organisation des Nations Unies, par sa résolution 96 (I) en date du 11 décembre 1946, a déclaré que le génocide est un crime du droit des gens, en contradiction avec l'esprit et les fins des Nations Unies et que le monde civilisé condamne,

Reconnaissant qu'à toutes les périodes de l'histoire le génocide a infligé de grandes pertes à l'humanité,

Convaincues que pour libérer l'humanité d'un fléau aussi odieux la coopération internationale est nécessaire, *conviennent de ce qui suit :*

173 ASCENCIO Hervé, 2000, *op. cit.*, p. 1.

Art. I
Les Parties contractantes confirment que le génocide, qu'il soit commis en temps de paix ou en temps de guerre, est un crime du droit des gens, qu'elles s'engagent à prévenir et à punir.
Art. II
Dans la présente Convention, le génocide s'entend de l'un quelconque des actes ci-après, commis dans l'intention de détruire, en tout ou en partie, un groupe national, ethnique, racial ou religieux, comme tel :
a) meurtre de membres du groupe ;
b) atteinte grave à l'intégrité physique ou mentale de membres du groupe ;
c) soumission intentionnelle du groupe à des conditions d'existence devant entraîner sa destruction physique totale ou partielle ;
d) mesures visant à entraver les naissances au sein du groupe ;
e) transfert forcé d'enfants du groupe à un autre groupe.
Art. III
Seront punis les actes suivants :
a) le génocide ;
b) l'entente en vue de commettre le génocide ;
c) l'incitation directe et publique à commettre le génocide ;
d) la tentative de génocide ;
e) la complicité dans le génocide. ».

En effet, au lendemain de la Shoah, la nouvelle communauté internationale se devait de réagir. « Le génocide était le crime le plus abominable dont s'était rendu coupable le régime dictatorial de l'Allemagne nazie. Pourtant, le Statut du T.M.I.[tribunal militaire international], qui avait été élaboré en 1944, ne connaissait pas le crime de génocide comme catégorie autonome. Il le classait comme extermination ou comme persécution pour des motifs raciaux dans les crimes contre l'humanité qui, pour leur part, n'étaient considérés comme punissables que dans la mesure où ils étaient reliés ou bien à des crimes contre la paix ou à des crimes de guerre. Au sein des Nations Unies, par contre, on décida dès la première heure d'élaborer un instrument pour la prévention et la répression de ce crime. Il est hautement significatif que l'Assemblée générale des Nations Unies ait adopté la Convention résultant de ces efforts le 9 décembre 1948, à la veille de l'adoption de la Déclaration universelle des droits de l'homme. »[174].

La Convention est entrée en vigueur en France le 12 janvier 1951. Le mot « génocide », nous l'avions mentionné, est issu des travaux de Raphaël Lemkin. « Comme dit le préambule de la Convention pour la prévention et la répression du crime du génocide (ci-après « la Convention »), ce crime a infligé de grandes pertes à l'humanité « à toutes les périodes de l'histoire ». Winston Churchill l'appela le crime sans nom et il fallut attendre le néologisme d'un juriste d'origine polonaise et réfugié de l'Europe hitlérienne, Raphaël Lemkin, qui proposa dans son livre édité en 1944, *Axis Rule in Occupied Europe* (Washington, Carnegie Endowment for World Peace, 1944), le terme « génocide ». Le terme génocide entra rapidement dans la terminologie juridique. »[175] .

Cette Convention est fondamentale pour le droit international pénal. Il s'agit non seulement d'initier l'émergence de cette discipline du droit, mais aussi d'instaurer concrètement le « génocide », comme crime à part, en le distinguant même des crimes contre l'humanité. « La Convention qualifie le génocide de crime contre le droit des gens pouvant être commis en temps de paix comme en temps de guerre. En 1948, l'idée selon laquelle le génocide pourrait être qualifié de modalité de crime contre l'humanité avait été rejetée, vu la définition relativement restreinte de ce dernier terme tel qu'il avait été prévu par la Charte du Tribunal militaire international et par le Tribunal de Nuremberg lui-même. Depuis l'arrêt *Tadic* du 2 octobre 1995 (*D. Tadic*, IT-94-1-AR72, 2 octobre 1995), dont une des conclusions fut codifiée par les rédacteurs du Statut de Rome du 17 juillet 1998 (art. 7), il n'y a plus de doute quant à l'inexistence d'un lien ou *nexus* entre le crime contre l'humanité et un conflit armé. Le génocide est donc le plus grave des

---

174 TOMUSCHAT Christian, 2000, La cristallisation coutumière, In : Ascensio Hervé, 2000, *Droit international pénal,* Editions A. Pedone, Paris, p. 30.

175 SCHABAS William A., 2000, Le génocide, In : Ascensio Hervé, 2000, *Droit international pénal,* Editions A. Pedone, Paris, p. 319.

crimes contre l'humanité, le « crime des crimes » pour reprendre l'expression du juge Laïty Kama lors du prononcé de la sentence contre Jean-Paul Akayesu (*J. P. Akayesu*, ICTR-96-4-T, 2 octobre 1998). »[176].
Nous reviendrons en détail sur le procès d'Akayesu.

3.3 Eléments juridiques du génocide

Le génocide se compose d'un élément physique et d'un élément moral ou *actus reus* et *mens rea.* Cet élément technique du droit international pénal pour le crime de génocide est repris par chaque tribunal (TPIY et TPIR en particulier). William Schabas aborde spécifiquement ces deux domaines : « Criminal law analysis of an offence proceeds from a basic distinction between the physical element (the *actus reus*) and the mental element (the *mens rea*). The prosecution must prove specific material facts, but must also establish the accused's criminal intent or 'guilty mind' : *actus non facit reum nisi mens sit rea.* Thee definition of genocide in the 1948 Convention invites this analysis, because it rather neatly separates the two elements. »[177]. L'élément physique est déjà explicité dans les travaux de Lemkin au décours de la Seconde Guerre mondiale. « In his book, *Axis Rule in Occupied Europe,* Raphael Lemkin conceived of several 'techniques of genocide in various fields' : physical and biological, political, social, cultural, religious, economic or moral groups, but rather to acts of genocide directed at various aspects of the life of a group. Political genocide, for example, involves the destruction of a group's political institutions and may even entail forced name changed. Economic genocide targets the group's economic institutions and its source of livehood. Lemkin said physical genocide is carried out mainly by racial discrimination in feeding, endangering of health, and outright mass killings. In all this, his

---

176 SCHABAS William A., 2000, Le génocide, In : Ascensio Hervé, 2000, *Droit international pénal,* Editions A. Pedone, Paris, p. 320.

177 SCHABAS William A., 2009, *Genocide in international law, the crime of crimes,* Cambrige University Press, New York, second edition, p. 172.

mind was turned to the ongoing genocide in Nazi Germany and in the Reich's occupied territories. »[178].

Les éléments principaux constitutifs du génocide sont : l'élément moral, l'aspect quantitatif, les groupes protégés, le mobile. Pour le premier, « il incombe à la poursuite de faire la preuve non seulement de l'acte matériel mais également de l'intention de l'auteur du crime. Il faut, selon la définition, établir « l'intention de détruire, en tout ou en partie un groupe national, ethnique, racial ou religieux comme tel. Cet élément moral de l'infraction est souvent décrit comme étant une « intention spécifique » ou une « intention spéciale »[179] Puis Schabas poursuit «La preuve de l'intention se fait normalement par déduction logique à la lumière des actes de l'accusé en vertu du principe selon lequel une personne est censée vouloir les conséquences de ses actes. »[180]. Nous reverrons en détail l'élément moral dans le cas Akayesu. Concernant le deuxième élément, l'aspect quantitatif, le cas du Rwanda ne laisse aucun doute au sens juridique : « En revanche, lorsque le nombre de victimes dépasse des centaines de milliers de personnes, comme ce fut le cas au Rwanda, on conclut sans hésitation à une intention de commettre un génocide. »[181]. Le troisième élément est la notion de « groupes ». Quatre groupes sont mentionnés à l'article 3 du Statut du TPIR : national, ethnique, racial et religieux. Quelle en est l'interprétation faite par le TPIR ? « Pour le TPIR, une définition de « groupe national » doit s'appuyer sur le jugement de la Cour internationale de Justice dans l'affaire *Nottebóhm (C.I.J Rec. 1955, P4)*, qui suggère des liens juridiques découlant de la citoyenneté. Cette approche s'avère trop restrictive car elle exclut des minorités nationales qui peuvent souvent n'avoir aucune reconnaissance en droit interne mais qui pourtant constituent une population vulnérable susceptible d'être victime de génocide. Le terme « groupe racial » doit recevoir une interprétation large pouvant s'inspirer

---

178 SCHABAS William A., 2009, *op. cit.*, p. 173.

179 SCHABAS William A., 2000, Le génocide, In : Ascensio Hervé, 2000, *Droit international pénal,* Editions A. Pedone, Paris, p. 320.

180 SCHABAS William A., 2000, *op. cit.*, p. 321.

181 SCHABAS William A., 2000, *op. cit.*, p. 321.

de l'article 1 de la Convention internationale pour l'élimination de toute forme de discrimination raciale. Cependant, ici encore, l'interprétation du TPIR, s'avère étroite, dans la mesure où elle exige la présence de traits physiques héréditaires. Quant aux groupes ethniques, ils sont identifiés par leur langue et leur culture. Le groupe religieux partage une religion ou un culte. »[182]. Enfin, le dernier élément est le « mobile », qui sera fourni dans tout jugement, comme le cas Akayesu. La totalité des quatre éléments sus-mentionnés doit apparaître dans le jugement pour permettre de mettre en accusation le crime de génocide.

3.4 Crimes contre l'humanité

En plus du génocide, les crimes contre l'humanité sont une notion importante, comme nous l'avons mentionné. Plusieurs définitions sont données depuis la Seconde Guerre mondiale. Il est intéressant de noter la comparaison de façon précise, de la notion de crimes contre l'humanité entre le Tribunal de Nuremberg, le TPIR, le TPIY (Tribunal pénal international pour l'ex-Yougoslavie), ainsi que la Cour pénale internationale. Cette comparaison est issue des travaux d'Isabelle Fouchard[183]. L'article 6c de la Charte du Tribunal de Nuremberg mentionne : « Les crimes contre l'Humanité : c'est-à-dire l'assassinat, l'extermination, la réduction en esclavage, la déportation, et tout autre acte inhumain commis contre toutes populations civiles, avant ou pendant la guerre, ou bien les persécutions pour des motifs politiques, raciaux ou religieux, lorsque ces actes ou persécutions, qu'ils aient constitué ou non une violation du droit interne du pays où ils ont été perpétrés, ont été commis à la suite de tout crime rentrant dans la compétence du Tribunal, ou en liaison avec ce crime. ». Cette définition met en exergue la relation à l'état de guerre. En

182 SCHABAS William A., 2000, *op. cit.*, p. 322.

183 FOUCHARD Isabelle, 2009, La formation du crime contre l'humanité en droit international, In : Delmas-Marty Mireille, 2009, *Le crime contre l'humanité*, PUF, Paris, p. 27.

revanche, nous l'avons déjà exposé, ce n'est plus le cas pour le Rwanda (voir la définition sus-mentionnée de l'article 3 du Statut du TPIR). Le Statut du TPIY à son article 5 reste proche de l'article 3 du TPIR. Il indique : « Le Tribunal international est habilité à juger les personnes présumées responsables des crimes suivants lorsqu'ils ont été commis au cours d'un conflit armé, de caractère international ou interne, et dirigés contre une population civile quelle qu'elle soit :
a) Assassinat ;
b) Extermination ;
c) Réduction en esclavage ;
d) Expulsion ;
e) Emprisonnement ;
f) Torture ;
g) Viol ;
h) Persécutions pour des raisons politiques, raciales et religieuses ;
i) Autres actes inhumains. ».
Nous voyons que pour le Statut du TPIY, il est encore fait mention d'un conflit armé. Ce cadre ne pouvait s'appliquer au cadre du Rwanda, il est fait mention d'« attaque généralisée et systématique », la possibilité de juger les crimes contre l'humanité est donc étendue avec cette définition. Le Statut de Rome de la Cour pénale internationale en son article 7 mentionne :
« 1. Aux fins du présent Statut, on entend par crime contre l'humanité l'un quelconque des actes ci-après lorsqu'il est commis dans le cadre d'une attaque généralisée ou systématique lancée contre toute population civile et en connaissance de cette attaque :
a) Meurtre ;
b) Extermination ;
c) Réduction en esclavage ;
d) Déportation ou transfert forcé de population ;
e) Emprisonnement ou autre forme de privation grave de liberté physique en violation des dispositions fondamentales du droit international ;
f) Torture ;

g) Viol, esclavage sexuel, prostitution forcée, grossesse forcée, stérilisation forcée ou toute autre forme de violence sexuelle de gravité comparable ;
h) Persécution de tout groupe ou de toute collectivité identifiable pour des motifs d'ordre politique, racial, national, ethnique, culturel, religieux ou sexiste au sens du paragraphe 3, ou en fonction d'autres critères universellement reconnus comme inadmissibles en droit international, en corrélation avec tout acte visé dans le présent paragraphe ou tout crime relevant de la compétence de la Cour ;
i) Disparitions forcées de personnes ;
j) Crime d'apartheid ;
k) Autres actes inhumains de caractère analogue causant intentionnellement de grandes souffrances ou des atteintes graves à l'intégrité physique ou à la santé physique ou mentale.
2. Aux fins du paragraphe 1 :
a) Par « attaque lancée contre une population civile », on entend le comportement qui consiste en la commission multiple d'actes visés au paragraphe 1 à l'encontre d'une population civile quelconque, en application ou dans la poursuite de la politique d'un État ou d'une organisation ayant pour but une telle attaque ;
b) Par « extermination », on entend notamment le fait d'imposer intentionnellement des conditions de vie, telles que la privation d'accès à la nourriture et aux médicaments, calculées pour entraîner la destruction d'une partie de la population ;
c) Par « réduction en esclavage », on entend le fait d'exercer sur une personne l'un quelconque ou l'ensemble des pouvoirs liés au droit de propriété, y compris dans le cadre de la traite des êtres humains, en particulier des femmes et des enfants ;
d) Par « déportation ou transfert forcé de population », on entend le fait de déplacer de force des personnes, en les expulsant ou par d'autres moyens coercitifs, de la région où elles se trouvent légalement, sans motifs admis en droit international ;
e) Par « torture », on entend le fait d'infliger intentionnellement une douleur ou des souffrances aiguës, physiques ou mentales, à une personne se trouvant sous sa garde ou sous son contrôle ; l'acception de ce terme ne s'étend pas à la douleur ou aux

souffrances résultant uniquement de sanctions légales, inhérentes à ces sanctions ou occasionnées par elles ;
f) Par « grossesse forcée », on entend la détention illégale d'une femme mise enceinte de force, dans l'intention de modifier la composition ethnique d'une population ou de commettre d'autres violations graves du droit international. Cette définition ne peut en aucune manière s'interpréter comme ayant une incidence sur les lois nationales relatives à la grossesse ;
g) Par « persécution », on entend le déni intentionnel et grave de droits fondamentaux en violation du droit international, pour des motifs liés à l'identité du groupe ou de la collectivité qui en fait l'objet ;
h) Par « crime d'apartheid », on entend des actes inhumains analogues à ceux que vise le paragraphe 1, commis dans le cadre d'un régime institutionnalisé d'oppression systématique et de domination d'un groupe racial sur tout autre groupe racial ou tous autres groupes raciaux et dans l'intention de maintenir ce régime ;
i) Par « disparitions forcées de personnes », on entend les cas où des personnes sont arrêtées, détenues ou enlevées par un État ou une organisation politique ou avec l'autorisation, l'appui ou l'assentiment de cet État ou de cette organisation, qui refuse ensuite d'admettre que ces personnes sont privées de liberté ou de révéler le sort qui leur est réservé ou l'endroit où elles se trouvent, dans l'intention de les soustraire à la protection de la loi pendant une période prolongée.
3. Aux fins du présent Statut, le terme « sexe » s'entend de l'un et l'autre sexes, masculin et féminin, suivant le contexte de la société. Il n'implique aucun autre sens. ».
La Cour pénale internationale (Statut du 17 juillet 1998) prend en compte clairement la définition du TPIR, et l'évolution de cette définition depuis le Tribunal de Nuremberg. Il en sera de même pour la notion de génocide.

Le génocide est un crime à part, mais à mettre aussi en parallèle avec les crimes contre l'humanité, nous verrons, ainsi, dans le cas *Akayesu* que le jugement porte sur le génocide ainsi que les autres crimes contre l'humanité.
« L'expression même de « crime contre l'humanité » distingue ce crime de tous les autres. Il semble évident que sa première

spécificité découle de son extrême gravité qui en fait, en toutes circonstances, un crime particulièrement inhumain. La catégorie des crimes contre l'humanité met en cause une valeur désormais reconnue comme fondamentale par la communauté internationale – la dignité humaine – et revêt par conséquent une *gravité substantielle.* Mais celle-ci n'est pas suffisante dans la mesure où tout crime, aussi inhumain soit-il, ne constitue un crime contre l'humanité qu'à condition de présenter, de surcroît un caractère massif. Les crimes contre l'humanité recouvrent donc également une *gravité circonstancielle* – autrement dit, attachée au contexte spécifique de leur commission. En effet, certains crimes de droit interne tels que le meurtre, le viol ou la torture peuvent être considérés comme extrêmement graves et également attentatoires à la dignité humaine. »[184]. Nous avons déjà donné la définition du Statut du TPIR, celle de la Cour pénale internationale est très proche. Elle mentionne, en l'article 6 de son Statut :

« Article 6

Crime de génocide

Aux fins du présent Statut, on entend par crime de génocide l'un quelconque des actes ci-après commis dans l'intention de détruire, en tout ou en partie, un groupe national, ethnique, racial ou religieux, comme tel :

a) Meurtre de membres du groupe ;

b) Atteinte grave à l'intégrité physique ou mentale de membres du groupe ;

c) Soumission intentionnelle du groupe à des conditions d'existence devant entraîner sa destruction physique totale ou partielle ;

d) Mesures visant à entraver les naissances au sein du groupe ;

e) Transfert forcé d'enfants du groupe à un autre groupe. ».

Le préambule du Statut de la Cour pénale internationale résume la volonté de fonder une telle cour, et marque une évolution fondamentale dans l'élaboration du droit pénal international.

---

184 FOUCHARD Isabelle, 2009, La formation du crime contre l'humanité en droit international, In : Delmas-Marty Mireille, 2009, *Le crime contre l'humanité,* PUF, Paris, p. 7.

« PRÉAMBULE

Les États Parties au présent Statut,

Conscients que tous les peuples sont unis par des liens étroits et que leurs cultures forment un patrimoine commun, et soucieux du fait que cette mosaïque délicate puisse être brisée à tout moment,

Ayant à l'esprit qu'au cours de ce siècle, des millions d'enfants, de femmes et d'hommes ont été victimes d'atrocités qui défient l'imagination et heurtent profondément la conscience humaine,

Reconnaissant que des crimes d'une telle gravité menacent la paix, la sécurité et le bien-être du monde,

Affirmant que les crimes les plus graves qui touchent l'ensemble de la communauté internationale ne sauraient rester impunis et que leur répression doit être effectivement assurée par des mesures prises dans le cadre national et par le renforcement de la coopération internationale,

Déterminés à mettre un terme à l'impunité des auteurs de ces crimes et à concourir ainsi à la prévention de nouveaux crimes,

Rappelant qu'il est du devoir de chaque État de soumettre à sa juridiction criminelle les responsables de crimes internationaux,

Réaffirmant les buts et principes de la Charte des Nations Unies et, en particulier, que tous les États doivent s'abstenir de recourir à la menace ou à l'emploi de la force, soit contre l'intégrité territoriale ou l'indépendance politique de tout État, soit de toute autre manière incompatible avec les buts des Nations Unies,

Soulignant à cet égard que rien dans le présent Statut ne peut être interprété comme autorisant un État Partie à intervenir dans un conflit armé ou dans les affaires intérieures d'un autre État,

Déterminés, à ces fins et dans l'intérêt des générations présentes et futures, à créer une cour pénale internationale permanente et indépendante reliée au système des Nations Unies, ayant compétence à l'égard des crimes les plus graves qui touchent l'ensemble de la communauté internationale,

Soulignant que la cour pénale internationale dont le présent Statut porte création est complémentaire des juridictions pénales nationales,

Résolus à garantir durablement le respect de la justice internationale et sa mise en œuvre,
Sont convenus de ce qui suit : [...]».

Ce préambule présente les difficultés entre un droit international et un droit interne à chaque État. En effet, pouvoir juger un crime au sein d'un État, c'est nécessairement « agir », « participer » à la recherche de la vérité des faits, des crimes qui ont été commis, il faut donc nécessairement interférer dans les « affaires internes » d'un ou plusieurs États. Obstacle insurpassable ? L'évolution des différents statuts que nous avons donnés (Tribunal de Nuremberg, TPIY, TPIR, CPI) montre néanmoins une volonté marquée de la communauté internationale de permettre une application concrète du droit pénal international. « Nouvellement apparue dans le paysage juridique mondial, la justice pénale internationale se cherche encore. C'est vers la fin de 2002 que la première Cour pénale internationale permanente commencera à fonctionner, l'entrée en vigueur de son statut étant prévue dès juillet, soit très exactement quatre ans après l'adoption du traité de Rome définissant ce Statut. Fragilisée par la résistance de grands États comme la Chine, les Etats-Unis ou l'Inde, l'apparition ne s'inscrira durablement dans l'histoire qu'à la condition de surmonter les difficultés que porte en elle l'idée même de justice pénale internationale, en ce qu'elle implique tout à la fois la mise en place d'institutions à caractère supranational et l'expression d'interdits à vocation universelle. »[185]. Puis Antonio Cassese et Mireille Delmas-Marty poursuivent : « Le problème de la souveraineté nationale est ouvertement posé avec la compétence, même théorique, d'une justice pénale internationale [...] »[186]. Comme nous l'avons mentionné, l'extension de la théorie de la reconnaissance met en exergue la notion d'humanité. Surpasser le « problème de la souveraineté

---

185 CASSESE Antonio, DELMAS-MARTY Mireille, 2002, Introduction, In: CASSESE Antonio, DELMAS-MARTY Mireille, sous la direction de, 2002, *Crimes internationaux et juridictions internationales,* PUF, Paris, p. 7.

186 CASSESE Antonio, DELMAS-MARTY Mireille, *Ibid.*

nationale », c'est développer la notion d'humanité. « D'emblée les crimes internationaux nous projettent donc dans un universalisme normatif. Or, cet universalisme n'est pas démontré au plan empirique. Au contraire, le préambule de la Convention de Rome évoque, à propos des peuples et des cultures, « une mosaïque délicate » (certaines ont tenté en vain au cours des travaux préparatoires de proposer l'adjectif « précieuse »), en tout cas une mosaïque qui peut être brisée « à tout moment ». Cet universalisme est à peine explicité par le préambule qui exprime seulement la conscience « que tous les peuples sont unis par des liens étroits et que leurs cultures forment un patrimoine commun » et affirme d'emblée que les crimes « les plus graves » ne sauraient rester impunis, sans définir cette notion pourtant éminemment relative et subjective, de « gravité ». Les crimes internationaux peuvent-ils dès lors contribuer au débat entre universalisme et relativisme des valeurs? »[187]. Cette question va faire appel à un point de vue éthique que nous aborderons dans une partie ultérieure.

La résolution 955 de l'ONU ainsi que le Statut du TPIR imposent un cadre juridique strict. Tout acte d'accusation devra donc se référer à ces textes afin de démontrer que l'individu concerné a commis (pu commettre, tenté de commettre ou aidé à commettre) l'un des actes de la liste exhaustive établie. Et ce, tout en respectant les *ratione loci* et *temporis*. Il s'agit donc d'une procédure pénale rigoureuse qui doit permettre un procès équitable. Cependant, de lourdes contraintes, juridiques, mais aussi spécifiquement financières, pèsent sur le TPIR. Il est nécessaire de les mentionner pour avoir une vision plus juste du travail fourni par le tribunal international.

---

187 CASSESE Antonio, DELMAS-MARTY Mireille, 2002, *op. cit.*, p. 8-9.

3.5 Les contraintes du tribunal international

La justice pénale établie par le TPIR crée-t-elle un « procès spectacle »[188] plus qu'un procès véritable avec tous les fondements juridiques, financiers, administratifs que cela impose ?

D'une part, les contraintes sont liées à l'objectif du TPIR de rendre une justice internationale, ce qui demande des moyens humains importants, ainsi que du temps pour obtenir les témoignages, pour obtenir les preuves à charge et à décharge, et d'autre part, sur le plan financier, les difficultés sont aussi prégnantes.

Concernant l'organisation du tribunal : « Le tribunal a trois organes. Les Chambres sont constituées de quatre Chambres de première instance composées de juges permanents et « ad-litem » nommés par le Conseil de Sécurité, et d'une Chambre d'appel à La Haye. Le procureur est chargé de la poursuite des crimes qui relèvent de la compétence du tribunal. En tant qu'organe distinct au sein du tribunal, il agit en toute indépendance. Le Greffier représente le Secrétaire général des Nations-Unies. Il est chargé de l'administration du tribunal. Le Tribunal siège à Arusha, République Unie de Tanzanie. Premier tribunal à rendre des jugements pour crime de génocide, le TPIR sonne le glas de l'impunité et par sa jurisprudence, participe à l'émergence de la justice pénale internationale. La poursuite des personnes responsables de génocide et crimes contre l'humanité contribue au processus de paix et de réconciliation au Rwanda. »[189].

L'organisation est donc complexe. Le financement reste une contrainte majeure d'une justice internationale pénale. Pour

---

188 Ce terme est employé dans l'œuvre de Hannah Arendt *Eichmann à Jérusalem*: « Certes, le procès est là aussi un « procès-spectacle », voire un spectacle, mais le « héros », celui qui se trouve au centre de la pièce, sur qui tous les yeux sont fixés, est alors le vrai héros, cependant que le procès reste un procès[...] », Gallimard, Paris, 2005, p. 1275.

189 Textes fondamentaux et jurisprudence, 1995-2006, 2006, Publications des Nations-Unies, DVD-ROM.

l'année 2002-2003, voici ce qui a été déclaré par l'ONU (Res 56/248 du 11 janvier 2002) : « 9. *Décide* d'ouvrir, à titre provisoire et sous réserve d'un nouvel examen à la reprise de sa cinquante-sixième session, pour inscription au Compte spécial du Tribunal pénal international pour le Rwanda, un crédit d'un montant brut de 192 312 400 dollars des États-Unis (montant net : 173 611 600 dollars) pour l'exercice biennal 2002-2003 ;
10. *Décide également* que seront pris en compte, aux fins du financement du crédit ouvert pour inscription au Compte spécial pour l'exercice biennal 2002-2003, le solde inutilisé effectif à la fin de l'année 2000, soit un montant brut de 3 010 100 dollars (montant net : 2 352 900 dollars), et le montant estimatif du solde inutilisé dont elle a tenu compte dans la résolution 55/226, soit un montant brut de 4 237 100 dollars (montant net : 3 851 900 dollars), ainsi que les intérêts créditeurs et recettes accessoires comptabilisés pour l'exercice biennal 2000-2001, soit un montant (brut et net) de 2 160 000 dollars, les sommes en question devant être déduites du montant total du crédit ouvert, comme indiqué en détail dans l'annexe à la présente résolution. ».

De plus les contraintes en personnels sont aussi importantes, dans la même résolution, il est noté : « 4. *Note* que le Tribunal fait appel à un grand nombre de stagiaires et souligne que les stagiaires doivent être accueillis conformément aux principes, règles et procédures établis, en particulier en ce qui concerne le caractère exceptionnel des nominations pour une durée de six mois ;
5. *Note avec une vive préoccupation* que le taux élevé de vacance de postes, particulièrement aux échelons les plus élevés de l'Administration, nuit à l'efficacité des activités du Tribunal pénal international pour le Rwanda ;
6. *Prend note* des questions soulevées par le Comité consultatif aux paragraphes 12, 16, 18, 29, 30, 44 et 49 de son rapport 4 et décide de reprendre l'examen de ces questions à la reprise de sa cinquante-sixième session ;
7. *Décide* de maintenir le tableau d'effectifs du Tribunal au niveau approuvé pour 2001 en attendant qu'elle ait déterminé, à la reprise de sa cinquante-sixième session en mars 2002 le niveau approprié pour l'exercice biennal 2002-2003. »

De façon systématique, lors des rapports annuels du TPIR, comme en 2006, le tribunal met en exergue les procès effectués dans chaque chambre, les témoignages et les avancées, ainsi que les jugements prononcés. Les contraintes, notamment financières et en effectifs sont implicitement évoquées :

« Le Tribunal recommande :

a) Qu'on continue de le doter de ressources suffisantes pour lui permettre de mener à bonne fin sa mission dans les délais fixés par les résolutions 1503 (2003) et 1534 (2004) du Conseil de sécurité ;

b) Que les États Membres continuent de faciliter les déplacements des témoins appelés à se rendre au siège du Tribunal lors de l'aller et du retour, surtout dans les cas où ceux-ci ne sont pas munis des documents de voyage nécessaires;

c) Que les États Membres continuent de se prêter aux discussions relatives à la possibilité de renvoyer certaines affaires devant leurs juridictions nationales pour qu'elles y soient jugées ;

d) Que les États Membres apportent leur assistance et leur coopération au Tribunal pour permettre d'arrêter et de lui transférer les accusés et les suspects qui sont encore en fuite ;

e) Que les États Membres aident le Tribunal à réinstaller les personnes acquittées par le Tribunal qui recherchent un État disposé à leur accorder le statut de résident permanent. »[190].

Enfin, les contraintes sont évidemment à mettre en opposition au travail effectué, voici ce que le rapport de 2006 évoque dès le début : « Aperçu général. Pendant la période considérée, allant du 1er juillet 2005 au 30 juin 2006, les Chambres de première instance du Tribunal pénal international pour le Rwanda ont prononcé trois jugements dans des procès concernant trois accusés (*Simba*, *Bisengimana* et *Serugendo*).

---

190 Rapport du Tribunal international chargé de juger les personnes accusées d'actes de génocide ou d'autres violations graves du droit international humanitaire commis sur le territoire du Rwanda et les citoyens rwandais accusés de tels actes ou violations commis sur le territoire d'États voisins entre le 1er janvier et le 31 décembre 1994, 16 août 2006, A/61/265, S/2006/658.

Trois autres procès individuels ont été clôturés et les jugements sont en cours de rédaction (*Mpambara*, *Muvunyi* et *Seromba*). Vingt-deux jugements concernant 28 personnes ont déjà été rendus et les procès de 27 personnes sont en cours, ce qui porte à 55 le nombre de personnes dont les procès se sont achevés ou sont en cours. Quatorze détenus attendent d'être jugés. Durant la période considérée, la Chambre d'appel a rendu un arrêt concernant un accusé. Elle a rédigé et signé deux autres arrêts qui ont été rendus immédiatement après la fin de la période considérée. La Chambre d'appel a également statué sur 14 appels interlocutoires et sur une demande en révision d'un jugement. Nouveaux procès. Au cours de la période considérée, le Tribunal a entamé trois nouveaux procès concernant trois accusés. Le procès *Mpambara* qui s'était ouvert le 19 septembre 2005 s'est terminé le 3 mai 2006 et le jugement sera en principe rendu en septembre 2006. Le procès *Zigiranyirazo* a débuté le 3 octobre 2005 et le Procureur a terminé la présentation des moyens à charge. Dans le procès *Karera* qui s'est ouvert le 9 janvier 2006, le Procureur a terminé la présentation des moyens à charge et la défense a déjà appelé à la barre la moitié de ses témoins. Ces trois nouveaux procès ont été menés de front avec cinq autres procès concernant chacun plusieurs accusés : *Butare* (six accusés), *Militaires I* (quatre accusés), *Militaires II (*quatre accusés), *Gouvernement* (quatre accusés) et *Karemera et consorts* (trois accusés). De nouveaux procès individuels débuteront pendant le deuxième semestre de 2006 si des salles d'audience sont disponibles. »[191].

Face aux contraintes financières et administratives (en particulier en personnels), depuis 2003, une stratégie d'achèvement est mise en route, pour permettre de terminer les travaux débutés par le TPIR. Nous aborderons ultérieurement la Stratégie ainsi que la mise en place d'un Mécanisme, car, comme nous l'avons expliqué, le génocide reste un crime

---

191 Rapport du Tribunal international chargé de juger les personnes accusées d'actes de génocide ou d'autres violations graves du droit international humanitaire commis sur le territoire du Rwanda et les citoyens rwandais accusés de tels actes ou violations commis sur le territoire d'États voisins entre le 1er janvier et le 31 décembre 1994, 16 août 2006, A/61/265, S/2006/658.

imprescriptible, il faut donc pouvoir juger les personnes en fuite et ce, sans limite de temps, tout en tenant compte des travaux (jurisprudences) effectués par le TPIR. La Stratégie et le Mécanisme sont des mises en place très récentes, nous verrons donc les principaux textes de ces dernières années. Mais avant cela, nous allons expliciter les travaux du TPIR à travers deux exemples de jugement, le premier est le cas Akayesu, qui est l'un des premiers jugements portés par le Tribunal, puis nous donnerons un exemple de plaider-coupable.

3.6 Jurisprudence : le cas Akayesu

Il s'agit du cas ICTR-96-4-T de Jean-Paul Akayesu. Nous allons tout d'abord étudier l'acte d'accusation.

« 1.2. L'acte d'accusation

6. L'acte d'accusation contre Jean-Paul Akayesu, présenté par le Procureur le 13 février 1996, a été confirmé le 16 février 1996. Il a été modifié en cours de procès en juin 1997, trois chefs d'accusation (13 à 15) et trois paragraphes (IOA, 12A et 128) y ayant été ajoutés. Le texte intégral en est reproduit ci-après :

h Le Procureur du Tribunal pénal international pour le Rwanda, en vertu des pouvoirs que lui confère l'article 17 du Statut du Tribunal pénal international pour le Rwanda (le "Statut du Tribunal") accuse :

JEAN-PAUL AKAYESU

de GENOCIDE, CRIMES CONTRE L'HUMANITE ET VIOLATIONS DE L'ARTICLE 3 COMMUN AUX CONVENTIONS DE GENÈVE, comme suit :

1. Le 6 avril 1994, un avion transporté le Président Juvénal Habyarimana du Rwanda et le Président Cyprien Ntaryamira du Burundi s'écrasait à l'aéroport de Kigali, tuant tous ses occupants. A la suite de la mort des deux présidents, des tueries généralisées, dont les dimensions étaient à la fois politiques et ethniques, ont commencé à Kigali et se sont étendues à d'autres parties du Rwanda.

2. Le Rwanda est divisé en 11 préfectures, dont chacune est gouvernée par un préfet. Les préfectures sont elles-mêmes subdivisées en communes, qui sont placées sous l'autorité des

bourgmestres. Le bourgmestre de chaque commune est nommé par le Président de la République, sur proposition du Ministre de l'Intérieur. Au Rwanda, le bourgmestre est considéré comme l'homme le plus puissant de la commune. Son autorité *de facto* dans la région est de loin supérieure à l'autorité qui lui est conférée *de jure.*
L'accusé :
3. Jean-Paul AKAYESU est né en 1953 dans le secteur de Murehe, commune de Taba ; il a été bourgmestre de cette commune d'avril 1993 à juin 1994. Avant sa nomination comme bourgmestre, il était enseignant et inspecteur de l'enseignement à Taba.
4. En tant que bourgmestre, Jean-Paul AKAYESU était chargé de fonctions exécutives et du maintien de l'ordre public dans sa commune, sous l'autorité du préfet. II avait autorité absolue sur la police communale, de même que sur les gendarmes mis à la disposition de la commune. II était responsable de l'exécution des lois et règlements ainsi que de l'administration de la justice, et dans ce cas aussi ne relevait que du préfet.
5. À moins d'indications contraires, tous les actes ou omissions visées au présent acte d'accusation se situent entre le premier janvier 1994 et le 31 décembre 1994, dans la commune de Taba, Préfecture de Gitarama, sur le territoire du Rwanda.
6. Dans chaque paragraphe portant le chef d'accusation de génocide, crime reconnu *à l'article* 2 du Statut du tribunal, les actes ou omissions allégués ont été commis dans l'intention de détruire, en tout ou en partie, un groupe national, ethnique ou racial.
7. Dans chaque paragraphe portant le chef d'accusation de génocide, les victimes étaient membres d'un groupe national, ethnique, racial ou religieux.
8. Dans chaque paragraphe portant le chef d'accusation de crimes contre l'humanité, crimes reconnus par l'article 3 du Statut du Tribunal, les actes ou omissions allégués ont été commis dans le cadre d'une attaque généralisée et systématique dirigée contre une population civile en raison de son appartenance nationale, politique, ethnique ou raciale.
9. À toutes les époques visées par le présent acte d'accusation, il existait au Rwanda un conflit armé interne.

10. À toutes les époques visées par le présent acte d'accusation, les victimes auxquelles se réfère le présent acte d'accusation étaient des personnes qui ne participaient pas activement aux hostilités.

10A. Dans le présent acte d'accusation, les actes de violence sexuelle comprennent la pénétration sexuelle de force du vagin, de l'anus ou de la cavité orale par un pénis et/ou du vagin ou de l'anus par un autre objet quelconque, ainsi que les atteintes à l'intégrité sexuelle, comme la nudité forcée.

11. L'accusé est individuellement responsable des crimes allégués contre lui au présent acte d'accusation. Selon le paragraphe 6 (l) du Statut du Tribunal, quiconque a planifié, incité à commettre, ordonné, commis ou de toute autre manière aidé et encouragé à planifier, préparer ou exécuter un des crimes visés aux articles 2 à 4 du Statut du Tribunal est individuellement et pénalement responsable de ce crime.

Les accusations

12. En qualité de bourgmestre, Jean-Paul AKAYESU était chargé du maintien de l'ordre public et de l'exécution des lois dans sa commune. Au moins 2 000 Tutsis ont été tués à Taba entre le 7 avril et la fin de juin 1994, alors qu'il était toujours en fonction. Ces massacres à Taba étaient perpétrés ouvertement et étaient d'une telle ampleur qu'en sa qualité de bourgmestre, Jean-Paul AKAYESU a dit nécessairement en avoir eu connaissance. Bien qu'il ait l'autorité nécessaire pour le faire et qu'il en eût la responsabilité, Jean-Paul AKAYESU n'a jamais tenté en aucune façon d'empêcher les massacres de Tutsis dans la commune et n'a en aucune façon demandé l'assistance des autorités régionales ou nationales pour réprimer la violence.

12A. Entre le 7 avril et la fin juin 1994, des centaines de civils (ci-après "civils déplacés") ont cherché refuge au bureau communal. La majorité de ces civils déplacés étaient tutsis. Alors qu'elles cherchaient refuge au bureau communal, les personnes déplacées de sexe féminin étaient régulièrement emmenées par des miliciens locaux et/ou policiers communaux armés et soumises à des sévices sexuels et/ou battues à l'intérieur ou près des locaux du bureau communal. Les civils déplacés étaient aussi fréquemment assassinés à l'intérieur ou près des locaux du bureau communal. De nombreuses femmes ont été forcées de subir des actes multiples de violence sexuelle, qui étaient par moments commis par plus d'un assaillant. Ces actes de violence sexuelle étaient généralement accompagnés de menaces explicites de mort ou d'atteinte à l'intégrité physique. Les personnes déplacées de sexe féminin vivaient dans une frayeur constante et leur condition physique et psychologique s'est détériorée des suites des violences sexuelles, des sévices et des tueries.

12B. Jean-Paul AKAYESU savait que ces actes de violence sexuelle, ces sévices et assassinats étaient commis et à certains moments il a été présent pendant leur commission. Jean-Paul AKAYESU a facilité la commission de ces actes de violence sexuelle, de ces sévices et de ces assassinats en permettant qu'elle ait lieu à l'intérieur ou près du bureau communal. Par sa présence lors de la commission de ces actes de violence sexuelle, de ces sévices et de ces assassinats, et en omettant de l'empêcher, ces sévices et ces assassinats, Jean-Paul Akayesu a encouragé ces actes, sévices et assassinats.

13. Le ou vers le 19 avril 1994, avant l'aube, dans le secteur de Gishyeshye, commune de Taba, un groupe d'hommes, dont l'un s'appelait François Ndimuhanzi, a tué un enseignant local, Sylvère Karera, parce qu'on l'accusait d'être associé au Front Patriotique Rwandais (le « FPR ») et de conspirer pour tuer des Hutus. Bien que l'un au moins des auteurs de ce meurtre ait été remis à Jean Paul AKAYESU, celui-ci n'a pris aucune mesure pour le faire arrêter.

14. Dans la matinée du 19 avril 1994, après le meurtre de M. Karera, Jean-Paul AKAYESU a dirigé seul une réunion dans le secteur de Gishyeshye, au cours de laquelle il a approuvé le meurtre de Sylvère Karera et demandé instamment à la population d'éliminer les complices du FPR, les personnes présentes à la réunion ayant compris qu'il s'agissait des Tutsis. Plus de 100 personnes étaient présentes à cette réunion. Les massacres de Tutsis à Taba ont commencé peu après la réunion.

15. À cette même réunion du 19 avril 1994 dans le secteur de Gishyeshye, Jean-Paul AKAYESU a nommé au moins trois personnalités tutsies bien en vue - Ephrem Karangwa, Juvénal Rukundakuvuga et Emmanuel Sempabwa -, qui devaient être tuées à cause de leurs liens présumés avec le FPR. Plus tard ce

jour-là, Juvénal Rukundakuvuga a été tué à Kanyinya. Dans les jours qui ont suivi, Emmanuel Sempabwa a été battu à mort à coups de matraques, devant le bureau communal de Taba.

16. Jean Paul AKAYESU, le ou vers le 19 avril 1994, a incité des fouilles de maison par maison à Taba. Au cours de ces fouilles, les résidents, y compris la victime V., étaient interrogés et battus avec des fusils et des bâtons en présence de Jean Paul AKAYESU. Jean Paul AKAYESU a personnellement menacé de tuer le mari et l'enfant de la victime U., si celle-ci ne lui donnait pas de renseignements sur les activités des Tutsis qu'il recherchait.

17. Le ou vers le 19 avril 1994, Jean Paul AKAYESU a ordonné l'interrogatoire de la victime X et ordonné qu'on la batte, pour tenter d'apprendre où se trouvait Ephrem Karangwa. Lors de cette séance de coups, les doigts de la victime ont été cassés alors qu'elle essayait de se protéger des coups avec une barre de métal.

18. Le ou vers le 19 avril 1994, les miliciens qui, sur instructions de Jean Paul AKAYESU, étaient à la recherche d'Ephrem Karangwa, ont détruit la maison d'Ephrem Karangwa et brûlé la maison de sa mère. Ils sont ensuite allés fouiller la maison du beau-frère d'Ephrem Karangwa, dans la commune de Musambira, et y ont trouvé ses trois frères. Les trois frères - Simon Mutijima, Thaddée Uwanyiligira et Jean-Chrysostome Gakuba-, ont essayé de s'enfuir, mais Jean Paul AKAYESU, avec son sifflet, a prévenu les résidents locaux de cette tentative de fuite et a ordonné aux gens de les capturer. Après la capture des frères, Jean Paul AKAYESU a ordonné leur mise à mort et y a participé.

19. Le ou vers le 19 avril 1994. Jean Paul AKAYESU a pris 8 hommes détenus au bureau communal de Taba et a ordonné aux miliciens de les tuer. Les miliciens les ont tués à l'aide de matraques, de machettes, de hachettes et de bâtons. Les victimes avaient fui la commune de Runda et étaient détenues par Jean-Paul AKAYESU.

20. Le ou vers le 19 avril 1994, Jean Paul AKAYESU a ordonné aux gens de l'endroit et aux milices locales de tuer les intellectuels et les gens d'influence. Cinq professeurs de l'école secondaire de Taba ont été tués sur ses instructions. Les

victimes étaient : Theogène, Phoebe Uwineze et son fiancé (dont le nom est inconnu), Tharcisse Twizeyumuremye et Samuel. Les gens et les miliciens du quartier les ont tués avec des machettes et des outils agricoles devant le bureau communal de Taba.

21. Le ou vers le 20 avril 1994, Jean Paul AKAYESU et quelques policiers communaux sont allés chez la victime Y, une dame de 69 ans. Jean Paul AKAYESU l'a questionnée au sujet du lieu où se trouvait la femme d'un professeur d'université. Au cours de l'interrogatoire, sous la supervision de Jean Paul AKAYESU, les policiers communaux ont frappé la victime Y avec un fusil et des bâtons. Ils lui ont attaché les bras et les jambes et l'ont frappée à plusieurs reprises à coups de pied dans la poitrine. Jean Paul AKAYESU a menacé de la tuer si elle ne donnait pas les renseignements qu'il cherchait.

22. Plus tard cette nuit-là, le ou vers le 20 avril 1994, Jean Paul AKAYESU a cueilli la victime W à Taba et l'a également interrogée au sujet du lieu où se trouvait la femme du professeur d'université. Lorsqu'elle a déclaré qu'elle ne le savait pas, il l'a forcée à s'allonger sur la route devant sa voiture et l'a menacée de lui passer dessus avec la voiture.

23. Par la suite, le ou vers le 20 avril 1901, Jean Paul AKAYESU a cueilli la victime Z à Taba et l'a interrogée. Au cours de l'interrogatoire, des hommes qui étaient sous l'autorité de Jean Paul AKAYESU ont forcé les victimes Z et Y à se frapper mutuellement et ont utilisé un morceau de la robe de la victime Y pour étrangler la victime Z.

Chefs d'accusation 1-3

(Génocide)

(Crimes contre l'humanité)

Par ses actions dans le cadre des événements décrits aux paragraphes 12 à 23. Jean Paul AKAYESU est pénalement responsable des crimes suivants :

A PREMIER CHEF D'ACCUSATION : GÉNOCIDE. Crime punissable aux termes de l'article 2(3). alinéa 11) du Statut du Tribunal ;

CHEF D'ACCUSATION 2 : Complicité dans le GÉNOCIDE. Crime punissable aux termes de l'article 2(3), alinéa c) du Statut du Tribunal :

CHEF D'ACCUSATION 3 : CRIMES CONTRE L'HUMANITÉ (extermination). Crimes punissables aux termes de l'article 3 h) du Statut du Tribunal.

Chef d'accusation 4

(Incitation à commettre le Génocide)

Par ses actions dans le cadre des événements décrits aux paragraphes 14 et 15, Jean Paul AKAYESU est pénalement responsable des crimes suivants :

CHEF D'ACCUSATION 4 : Incitation directe et publique à commettre le GÉNOCIDE, crime punissable aux termes de l'article 2(3), alinéa c) du Statut du Tribunal.

Chefs d'accusation *5-6*

(Crimes contre I'humanité)

(Violations de l'article 3 commun aux Conventions de Genève)

Par ses actions dans le cadre des assassinats de Juvénal Rukundakuvuga, Emmanuel Sempabwa, Simon Mutijima. Thaddée Uwanyiligira et Jean-Chrysostome Gakuba, décrites aux paragraphes 15 et 18, Jean Paul AKAYESU a commis les crimes suivants:

CHEF D'ACCUSATION 5 : CRIMES CONTRE L'HUMANITÉ (assassinat), crimes punissables aux termes de l'article 3 a) du Statut du Tribunal ;

CHEF D'ACCUSATION 6 : VIOLATIONS DE L'ARTICLE 3 COMMUN AUX CONVENTIONS DE GENÈVE, tel que repris dans l'article 4 a) (assassinat) du Statut du Tribunal.

Chefs d'accusation 7-8

(Crimes contre l'humanité)

(Violations de l'article 3 commun aux Conventions de Genève)

Par ses actions dans le cadre du meurtre de 8 hommes détenus, commis devant le bureau communal et décrit au paragraphe 19, Jean Paul AKAYESU a commis les crimes suivants :

CHEF D'ACCUSATION 7 : CRIMES CONTRE L'HUMANITÉ (assassinat), crimes punissables aux termes de l'article *3* a) du Statut du Tribunal ;

CHEF D'ACCUSATION 8 : VIOLATIONS DE L'ARTICLE 3 COMMUN AUX CONVENTIONS DE GENÈVE, tel que repris dans l'article 4 *2)* (assassinat) du Statut du Tribunal.

Chef d'accusation 9-10

(Crimes contre l'humanité)

(Violations de l'article 3 commun aux Conventions de Genève)

Par ses actions dans le cadre du meurtre des 5 enseignants, commis devant le bureau communal et décrit au paragraphe 20, Jean Paul AKAYESU a commis les crimes suivants:

CHEF D'ACCUSATION 9 : CRIMES CONTRE L'HUMANITÉ (assassinat). Crimes punissables aux termes de l'article 3 a) du Statut du Tribunal ;

CHEF D'ACCUSATION 10 : VIOLATIONS DE L'ARTICLE 3 COMMUN AUX CONVENTIONS DE GENÈVE, tel que repris dans l'article 4 a) (assassinat) du Statut du Tribunal.

Chef d'accusation 11 - 12

(Crimes contre l'humanité)

(Violations de l'article 3 commun aux Conventions de Genève)

Par ses actions dans le cadre des coups portés aux victimes U, V. W. X, Y et Z, décrites aux paragraphes 16, 17, 2 1 . 22 et 23. Jean Paul AKAYESU a commis les crimes suivants:

CHEF D'ACCUSATION 11 : CRIMES CONTRE L'HUMANITÉ (torture), crimes punissables aux termes de l'article 3 g) du Statut du Tribunal :

CHEF D'ACCUSATION 12 : VIOLATIONS DE L'ARTICLE 3 COMMUN AUX CONVENTIONS DE GENÈVE, tel que repris dans l'article 4 a) (traitements cruels) du Statut du Tribunal.

Outre et/ou subsidiairement à sa responsabilité individuelle en vertu de l'article 6(1) du Statut du Tribunal, l'accusé est individuellement responsable, en vertu de l'article 6 (3) du Statut du Tribunal, des crimes allégués dans les chefs d'accusation 13 à 15. En vertu de l'article 6 (3), une personne est pénalement responsable, en tant que supérieur, des actes commis par un subordonné, si cette personne savait ou avait des raisons de savoir que le subordonné s'apprêtait à commettre ces actes ou l'avait fait et que le supérieur n'a pas pris les mesures nécessaires et raisonnables pour empêcher que lesdits actes ne soient commis ou en punir les auteurs.

Chef d'accusation 13- 15
(Crimes contre l'humanité)
(Violations de l'article 3 commun aux Conventions de Genève)
Par ses actions dans le cadre des événements au bureau communal, décrits aux paragraphes 12(A) et 12(B), Jean-Paul AKAYESU a commis les crimes suivants:
CHEF D'ACCUSATION 13 : CRIMES CONTRE L'HUMANITÉ (viol), crimes punissables aux termes de l'article 3 g) du Statut du Tribunal:
CHEF D'ACCUSATION 14 : CRIMES CONTRE L'HUMANITÉ (autres actes inhumains), crimes punissables aux termes de l'article 3 i) du Statut Tribunal ;
CHEF D'ACCUSATION 15 : VIOLATIONS DE L'ARTICLE 3 COMMUN AUX CONVENTIONS DE GENÈVE ET DE L'ARTICLE 4 (2) (e) DU PROTOCOLE ADDITIONNEL 2 , tels que repris dans l'article 4 e) (les atteintes à la dignité de la personne. notamment le viol. les traitements dégradants et humiliants et l'attentat à la pudeur) du Statut du Tribunal. ».
De cet acte d'accusation, nous pouvons tout d'abord en tirer la compétence du TPIR. En effet, les éléments de lieu et de temps correspondent aux lieu et temps donnés dans le Statut du TPIR, *id est,* le lieu est le Rwanda, les faits incriminés se passent entre le 1er janvier 1994 et le 31 décembre 1994. Le Statut prévoit de façon très large l'élément de temps, les faits en eux-mêmes ayant eu lieu entre avril 1994 jusqu'en juillet 1994, mais la limite étant imprécise (des faits ont en effet pu avoir lieu après juillet 1994), le Statut permet de prendre en compte une marge de temps importante. Ensuite, il y a une distinction entre le chef d'accusation de génocide et les crimes contre l'humanité, qui sont, tour à tour, énumérés (viol, extermination, assassinat, autres actes inhumains...).

Concernant le génocide, l'acte d'accusation évoque la responsabilité pénale de Jean Paul Akayesu en recherchant l'élément physique, l'élément moral, l'atteinte ciblée sur un groupe ainsi que l'ampleur, la gravité des faits. Concernant l'élément physique, les exemples très précis qui sont cités sont tout à fait probants : au paragraphe 20 : « Les gens et les miliciens du quartier les ont tués avec des machettes et des outils agricoles devant le bureau communal de Taba. ». Il y a eu assassinat. De plus l'intention est établie de fait, chez Akayesu : « Jean Paul AKAYESU a ordonné aux gens de l'endroit et aux milices locales de tuer les intellectuels et les gens d'influence ». Par le fait de donner l'ordre, d'une part, part le fait, que ces meurtres ont été commis « devant le bureau communal », dirigeait par Akayesu, l'abstention, de prendre une mesure pouvant empêcher ces meurtres, alors que Akayesu pouvait prendre ces mesures de par sa position de bourgmestre, il ne s'agit donc pas d'omission de porter secours par peur d'être soi-même en péril, mais parce qu'il approuvait clairement les actes qui se passaient. L'intention de tuer est donc présente chez Akayesu, et l'élément physique : le meurtre, est présent. Mais il faut d'autres éléments, comme nous l'avons expliqué avec la démonstration de Schabas pour arriver à l'acte d'accusation de génocide. L'acte doit être dirigé contre un groupe, dont les quatre dénominations sont fournies dans le Statut du TPIR à l'article 2. Or, il est clairement mentionné l'acte de tuer des « tutsis ». Nous allons revenir rapidement sur la notion de groupe « racial ». En effet, le terme de groupe « racial », de plus généralement de « race » reste à bannir du vocabulaire actuel, notamment dans les essais philosophiques contemporains, principalement dû au détournement de ce terme après le génocide de la Shoah. Sachant que ce terme est déjà détourné dès le début du vingtième siècle, de son origine en partie dans le domaine des sciences biologiques. Pourtant, il est ici employé, dans le domaine juridique, il s'agit même d'un élément essentiel. Il ne s'agit pas pour le TPIR de rentrer dans un débat philosophique sur le terme de race et la notion de « race » au sein de l'humanité. Il s'agit de répercuter l'existence de cette notion (sans juger de sa moralité, sans reprendre un quelconque élément de supériorité ou d'infériorité de tel ou tel groupe racial), et de reprendre ce qui a été établi au Rwanda. C'est-à-dire, nous l'avons dit lors de la première partie de notre exposé, concernant le point de vue historique et anthropologique (nous nous permettons à ce sujet de montrer la pertinence d'une analyse à la fois historique, philosophique et juridique), le mot « tutsi » ou « hutu » était inscrit sur la carte nationale d'identité des habitants du Rwanda. Ainsi, le Tribunal va utiliser cet argument de fait pour démontrer que les crimes (assassinat, viols, sévices sexuels...) étaient commis dans l'intention de détruire un groupe « national, ethnique, racial ou religieux ». Dans le cas Akayesu, cet élément a été démontré. Un autre élément pour démontrer l'appartenance des victimes à l'un des quatre groupes est leur lien avec le FPR (Front Patriotique Rwandais), mais cet argument est moins fort, car il n'est pas fait mention explicitement de groupe politique dans l'article 2 du Statut du TPIR. En revanche, pour les crimes contre l'humanité de l'article 3 du Statut du TPIR, il est fait mention de l'appartenance à un groupe politique, ce qui permettra de prendre en compte les différents crimes contre l'humanité perpétrés par Jean Paul Akayesu.

Le jugement est porté le 2 septembre 1998. La sentence est donnée le 2 octobre 1998, suite au jugement.

Voici le verdict donné par la cour :
« PAR CES MOTIFS, vu tous les éléments de preuve et arguments,
LA CHAMBRE statue à l'unanimité comme suit :
Chef 1 : Coupable de Génocide
Chef 2 : Non coupable de Complicité dans le Génocide
Chef 3 : Coupable de Crime contre l'Humanité (Extermination)
Chef 4 : Coupable d'incitation directe et publique à commettre le Génocide
Chef 5 : Coupable de Crime contre l'Humanité (Assassinat)
Chef 6 : Non coupable de Violation de I'Article 3 commun aux Conventions de Genève (Assassinat)
Chef 7 : Coupable de Crime contre l'Humanité (Assassinat)
Chef 8 : Non coupable de Violation de l'Article 3 commun aux Conventions de Genève (Assassinat)
Chef 9 : Coupable de Crime contre l'Humanité (Assassinat)
Chef 10 : Non coupable de Violation de l'Article 3 commun aux Conventions de Genève (Assassinat)
Chef 11 : Coupable de Crime contre l'Humanité (Torture)
Chef 12 : Non coupable de Violation de l'Article 3 commun aux Conventions de Genève (Traitements cruels)
Chef 13 : Coupable de Crime contre l'Humanité (Viol)

Chef 14 : Coupable de Crime contre l'Humanité (Autres Actes Inhumains)
Chef 15 : Non coupable de Violation de l'Article **3** commun aux Conventions de Genève et de l'Article 4(2)(e) du Protocole additionnel II (Atteintes à la dignité de la personne, notamment viol, traitements dégradants et humiliants et attentat à la pudeur)
Fait en anglais et en français,Signé à Arusha, le 2 septembre 1998 »[192].

Un mois plus tard, au regard des peines demandées par le Procureur, du jugement rendu le 2 septembre, des circonstances atténuantes, des circonstances aggravantes, de la position de Jean-Paul Akayesu, le verdict suivant est rendu le 2 octobre 1998 :

«PAR CES MOTIFS,
STATUANT publiquement, contradictoirement et en premier ressort;
CONFORMEMENT aux articles 23,26 et 27 du Statut du Tribunal et aux articles 100, 101, 102, 103 et 104 du Règlement de procédure et de preuve;
VU la grille générale des peines d'emprisonnement appliquée par les tribunaux au Rwanda;
VU qu'Akayesu a été reconnu coupable des chefs 1, 3, 4, 5, 7, 9, 11, 13 et 14 de l'Acte
d'accusation dans le Jugement du 2 septembre 1998;
VU le mémoire déposé par le Procureur;
Le Procureur et Akayesu entendus;
POUR LES CRIMES SUSMENTIONNES
CONDAMNE Jean Paul Akayesu
né en 1953 dans le secteur de Murehe , Commune de Taba, Préfecture de Gitarama (Rwanda), a :
Chef 1 – emprisonnement à vie pour le crime de génocide ;
Chef 3 – emprisonnement à vie pour le crime contre l'humanité (extermination) ;
Chef 4 – emprisonnement à vie pour le crime d'incitation directe et publique à commettre le génocide ;
Chef 5 - quinze ans d'emprisonnement pour le crime contre l'humanité (assassinat) ;

192 *J.-P. Akayesu*, ICTR-96-4-T, 2 septembre 1998, p294-295.

Chef 7 - quinze ans d'emprisonnement pour le crime contre l'humanité (assassinat) ;
Chef 9 - quinze ans d'emprisonnement pour le crime contre l'humanité (assassinat) ;
Chef 11 - dix ans d'emprisonnement pour le crime contre l'humanité (torture) ;
Chef 13 - quinze ans d'emprisonnement pour le crime contre l'humanité (viol) ;
Chef 14 - dix ans d'emprisonnement pour le crime contre l'humanité (autres actes inhumains).
PRONONCE la confusion des peines ci-dessus et condamne en conséquence Akayesu a
LA PEINE UNIQUE DE L'EMPRISONNEMENT A VIE
DÉCIDE que la peine d'emprisonnement sera exécutée dans un État désigné par le Président du Tribunal, en consultation avec la Chambre de première instance, et que le Greffier informera le Gouvernement rwandais et l'État désigné du lieu d'emprisonnement;
DÉCIDE que le présent Jugement est immédiatement exécutoire, et que, toutefois :
(i) dans l'attente de son transfert audit lieu d'emprisonnement, Akayesu sera maintenu en
détention au Quartier pénitentiaire du Tribunal à Arusha,
(ii) dès notification d'appel, le cas échéant, il est sursis à l'exécution de la sentence jusqu'au prononcé de la décision d'appel, le condamné restant néanmoins détenu.
Arusha, le 2 octobre 1998 »[193].

La sanction est donc exemplaire dans ce procès. Les différents chefs d'accusation ont été abordés un par un. Ceci, même si la peine est commutée en peine unique d'emprisonnement à vie, afin de définir concrètement tous les actes établis. Nous l'avons vu : si le génocide reste un crime à part, les autres crimes contre l'humanité sont tout aussi importants au regard de la justice pénale. Les mentions d'assassinat sont portées pour chaque victime où le lien a pu être établi, de même pour le chef d'accusation de viol. Les

193 *J.-P. Akayesu*, ICTR-96-4-T, 2 octobre 1998, p14-15.

témoignages, durant le temps que nous avons nommé historique, sont donc primordiaux dans cette phase afin de permettre la reconnaissance des faits. Mais il s'agit en fait, de la connaissance des faits, le processus de re-connaissance, comme nous l'employons dans notre définition devra se poursuivre ultérieurement. Notons aussi la préservation des témoins, dans la pratique. Les noms n'apparaissent pas dans les témoignages de victimes afin de préserver leur vie future au sein de la communauté rwandaise. De plus, certains peuvent témoigner lors du procès, mais des témoignages écrits, ou récupérés par l'équipe du Procureur permettent aussi d'apporter des preuves solides tout en minimisant les difficultés pratiques de témoignages (en particulier la venue du témoin à Arusha). Le jugement rendu, l'un des premiers par le TPIR, sera porté en appel, et Akayesu sera condamné à la même peine lors de l'appel au début des années 2000.

Afin de permettre une justice plus rapide, un système de plaider-coupable est instauré, nous allons voir un cas particulier.

3.7 Cas Joseph Serugendo : le plaider-coupable

Il s'agit de l'affaire ICTR-2005-84-I. Le jugement portant condamnation que nous allons aborder a été rendu le 12 juin 2006. Quels sont exactement les faits incriminés, et le principe du plaider-coupable dans cette affaire ?

« II. FAITS INCRIMINÉS

15. Joseph Serugendo est né le 24 août 1953 à Kipushi (République démocratique du Congo).

16. À l'époque de tous les faits visés dans l'acte d'accusation modifié, Serugendo était membre du Comité d'initiative (conseil d'administration) et conseiller technique de la Radio télévision libre des mille collines (la « RTLM »), Chef de la section Maintenance de Radio Rwanda à l'Office rwandais d'information (« ORINFOR ») et membre du Comité national élargi de la milice *Interahamwe za* MRND qui avait autorité sur les *Interahamwe* de Kigali.

17. La Chambre va à présent examiner les faits se rapportant à chacun des chefs retenus dans l'acte d'accusation modifié. Elle rappelle qu'elle est tenue de prendre en compte l'analyse faite dans l'accord de reconnaissance de culpabilité et les faits sur lesquels repose cet accord. L'accusé a reconnu l'exactitude de chacun de ces faits.
18. Le Procureur allègue dans l'acte d'accusation modifié qu'en 1994, particulièrement entre le 6 avril et le 17 juillet, des militaires, des miliciens *Interahamwe* et des civils armés ont attaqué les membres de la minorité ethnique ou raciale rwandaise connue sous la dénomination de « groupe tutsi » parce qu'ils étaient tutsis, dans l'intention de détruire en tout ou en partie la population tutsie du Rwanda. Ces attaques se sont soldées par la mort de centaines de milliers de civils.
19. L'accord de reconnaissance de culpabilité reconnaît que le Rwanda a été le théâtre d'attaques généralisées et systématiques dirigées contre une population civile – notamment les Tutsis et les Hutus modérés – en raison de l'appartenance politique et ethnique de celle-ci en 1994 et que ces attaques se sont soldées par la mort de centaines de personnes, la plupart étant des civils, dans tout le pays. La preuve en est que ce massacre a été commis sans distinction, les victimes étant des personnes sans armes de toutes catégories – femmes, enfants, jeunes et vieillards – qui ont été massacrées à des barrages routiers ou dans des lieux où elles avaient trouvé refuge.
20. Les accusations retenues contre Serugendo portent sur les *Interahamwe* et la campagne de massacres, les émissions de la RTLM ainsi que la remise en service et l'exploitation de la RTLM en juillet 1994. En ce qui concerne la première de ces questions, en sa qualité de membre de la milice *Interahamwe*, Serugendo aurait organisé avec d'autres responsables du MRND entre 1992 et le 17 juillet 1994 des réunions et meetings politiques en vue d'endoctriner les *Interahamwe*, de les sensibiliser et de les inciter à tuer les membres de la population tutsie ou à porter gravement atteinte à leur intégrité physique ou mentale dans le but de détruire le groupe ethnique tutsi.
21. Serugendo reconnaît que du début de l'année 1992 jusqu'en 1994, en sa qualité de membre de la milice *Interahamwe*, il a organisé avec d'autres dirigeants du MRND et de la milice

Interahamwe des réunions et meetings politiques pour inciter les *Interahamwe* à tuer les membres de la population tutsie ou à porter gravement atteinte à leur intégrité physique ou mentale dans le but de détruire le groupe ethnique tutsi.

22. En outre, du 8 avril 1993 à juillet 1994, Serugendo, de concert avec d'autres personnes, aurait pris les dispositions nécessaires pour créer, financer et exploiter le volet radio de la RTLM afin de propager un message antitutsi et de favoriser la haine ethnique entre les Hutus et les Tutsis. Il voulait par ce moyen faire tuer les membres de la population tutsie ou porter gravement atteinte à leur intégrité physique ou mentale dans le but de détruire le groupe ethnique tutsi. Serugendo reconnaît avoir pris durant cette période, avec d'autres personnes, les dispositions nécessaires pour créer, financer et exploiter le volet radio de la RTLM qui a propagé un message antitutsi dans l'intention de favoriser la haine raciale et, en fin de compte, de détruire le groupe ethnique tutsi.

23. Il ressort de l'acte d'accusation que du 8 [juillet] 1993 au 4 juillet 1994, la RTLM a émis de Kigali et propagé un message antitutsi. Entre avril et juillet 1994, la RTLM qui était l'une des principales sources d'information des Rwandais a diffusé des informations tendant à indiquer les endroits où se trouvaient les Tutsis et à inciter les membres de la population rwandaise à traquer tous les Tutsis pour les tuer. Au cours de cette période, elle a diffusé des messages qui ont provoqué le massacre de centaines de milliers de civils tutsis sur toute l'étendue du territoire rwandais. Serugendo reconnaît qu'en 1993 et 1994, la RTLM a diffusé des émissions visant à propager un message antitutsi et que ces émissions ont effectivement provoqué le massacre de centaines de milliers de civils tutsis sur toute l'étendue du territoire rwandais.

24. En sa qualité de membre du Comité d'initiative et de conseiller technique de la RTLM, Serugendo aurait aidé et encouragé les employés de la RTLM à diffuser ces émissions pendant la période d'activité de cette station radio qui a duré du 8 juillet 1993 au 17 juillet 1994. En particulier, il se serait rendu dans les studios de la RTLM entre le 6 et le 12 avril 1994, accompagné de miliciens armés, pour prêter une assistance technique et encourager moralement son personnel afin que les

émissions de la RTLM se poursuivent sans interruption. Serugendo reconnaît avoir apporté ces formes d'assistance technique et de soutien moral qui ont facilité les émissions de la RTLM pendant la période considérée.

25. Le 4 juillet 1994 ou vers cette date, les forces du FPR ont détruit l'émetteur de la RTLM qui se trouvait à Kigali, mettant celle-ci dans l'impossibilité de diffuser ses programmes. Après cela, Serugendo se serait entretenu avec des employés importants de la RTLM à l'hôtel Méridien de Gisenyi pour élaborer le projet de mise en place d'un nouveau studio et d'un nouveau dispositif de transmission à Gisenyi. Il reconnaît avoir participé à cette réunion pour permettre à la RTLM de poursuivre ses émissions.

26. Entre le 5 et le 14 juillet 1994, des techniciens de la RTLM placés sous l'autorité de Serugendo auraient apporté le matériel de la RTLM sauvé à Kigali au sommet du mont Muhe sis près de Gisenyi et mis à profit le dispositif de transmission qui y avait été installé pour créer un studio de fortune et permettre ainsi à la RTLM de reprendre ses émissions. Ces émissions ont continué à propager l'appel à l'extermination du groupe ethnique tutsi et incité à tuer des civils tutsis et à en blesser d'autres sur toute l'étendue du territoire rwandais. Pendant la même période, l'accusé aurait fourni une assistance technique qui a permis à des journalistes de la RTLM d'enregistrer sur cassette des émissions préconisant l'extermination des Tutsis qui ont été par la suite diffusées sur les antennes de la RTLM à partir du mont Muhe.

27. Serugendo reconnaît avoir fourni cette assistance technique. Il reconnaît que pour avoir réussi à installer un émetteur de fortune sur le mont Muhe et à redonner à la RTLM les moyens d'émettre, il a aidé et encouragé autrui à massacrer des membres du groupe ethnique tutsi.

28. Selon le Procureur, Serugendo est pénalement responsable des actes susvisés en raison du pouvoir que lui conférait sa qualité de membre du Comité d'initiative et des fonctions de supervision et de gestion qu'il exerçait à ce titre. En vertu de ses attributions, il aurait eu autorité sur ses subordonnés, notamment sur les techniciens et les autres membres du personnel d'appui de la RTLM. En sa qualité de membre du

Comité national de la milice *Interahamwe*, Serugendo aurait également eu autorité sur les miliciens *Interahamwe*. En particulier, il aurait donné aux personnes placées sous son autorité en raison de ses fonctions, l'ordre de commettre les actes susvisés et incité, aidé et encouragé les gens qui n'étaient pas sous son contrôle à agir de la sorte.

29. Serugendo reconnaît qu'en sa qualité de membre du Comité d'initiative (conseil d'administration) et de conseiller technique de la RTLM, il avait autorité sur les techniciens et les autres membres du personnel d'appui de la RTLM comme il a été dit plus haut. Il reconnaît en outre qu'à l'époque de tous les faits considérés, il savait que certaines personnes étaient persécutées en raison de leur appartenance politique et que les Tutsis étaient victimes de discrimination sur une grande échelle. Il reconnaît avoir continué de travailler à la RTLM malgré le fait qu'il était au courant de cette situation.

30. En conséquence, la Chambre conclut que l'élément matériel et l'élément moral des crimes dont l'accusé a plaidé coupable ont été établis. »

Comment s'est déroulé exactement le plaider-coupable ?

« 1.Le Bureau du Procureur du Tribunal pénal international pour le Rwanda a accusé Joseph Serugendo d'entente en vue de commettre le génocide, de génocide, de complicité dans le génocide, d'incitation directe et publique à commettre le génocide et de persécution constitutive de crime contre l'humanité dans un acte d'accusation confirmé le 22 juillet 2005 par le juge Sergei Aleksevich Egorov.

2. Serugendo a été arrêté le 16 septembre 2005 et transféré au Tribunal le 23 septembre 2005. Le 30 septembre 2005, il a fait sa comparution initiale et a plaidé non coupable des cinq chefs retenus dans l'acte d'accusation. Immédiatement, il a entamé des discussions avec le Bureau du Procureur dans le but de lui apporter une coopération sans réserve et de plaider finalement coupable.

3. Le 12 janvier 2006, une *Requête commune tendant à l'examen d'un accord de reconnaissance de culpabilité conclu entre Joseph Serugendo et le Bureau du Procureur* a été

déposée. Le même jour, le Procureur a également sollicité l'autorisation de modifier l'acte d'accusation. Dans le projet d'acte d'accusation modifié, il a abandonné cinq chefs d'accusation et en a retenu deux.

4. L'accord de reconnaissance de culpabilité a été déposé par les deux parties le 16 février 2006. Serugendo y a accepté de plaider coupable des chefs 1 et 2 du projet d'acte d'accusation modifié, à savoir l'incitation directe et publique à commettre le génocide que le Procureur lui imputait en application des articles 2.3 c) et 6.1 du Statut du Tribunal et la persécution constitutive de crime contre l'humanité qu'il lui imputait en application des articles 3 h) et 6.1 dudit Statut.

5. Au cours d'une audience tenue le 15 mars 2005 en application de l'article 62 *bis* du *Règlement de procédure et de preuve* (le « Règlement ») pour entendre la position de Serungendo sur les accusations portées contre lui, la Chambre a fait droit à la requête du Procureur tendant à modifier l'acte d'accusation. Lors de la même audience, Serugendo a plaidé coupable des chefs retenus dans l'acte d'accusation modifié. L'acte d'accusation modifié et l'accord de reconnaissance de culpabilité ont été adoptés d'un commun accord comme base de son aveu de culpabilité et du présent Jugement portant condamnation.

6. Dans l'accord de reconnaissance de culpabilité, Serugendo déclare qu'il entend plaider coupable des deux chefs d'accusation susmentionnés. Il souligne qu'il a « pris la [...] mesure des conséquences et de l'ampleur des infractions qu'il avait commises au Rwanda en 1994 ». Par les informations complètes et véridiques que l'accusé a fournies sur les événements qui s'étaient produits au Rwanda en 1994 et sur sa participation personnelle à ces événements, l'accord de reconnaissance de culpabilité illustre la volonté « de concourir à l'impérieux processus de réconciliation nationale dans ce pays » dont Serugendo est animé.

7. L'accord de reconnaissance de culpabilité précise que Serugendo a accepté de plaider coupable «librement et volontairement ». En outre, il est conscient que la conclusion de cet accord emporte abandon de ses droits liés à la présomption d'innocence et de ceux qu'il aurait exercés dans le cadre d'un

procès complet. Dans l'accord, Serugendo s'engage, entre autres, à coopérer avec le Procureur.
8. En échange de l'aveu de culpabilité de Serugendo, de sa franche coopération avec le Bureau du Procureur et de l'exécution de toutes les obligations mises à sa charge par l'accord de reconnaissance de culpabilité, le Procureur a accepté de recommander à la Chambre de lui infliger une peine d'emprisonnement se situant dans une fourchette de 6 à 14 ans. La Chambre n'est liée par aucun accord conclu entre les parties relativement au quantum de la peine. ».

Deux éléments sont à prendre en compte dans le dossier ICTR-2005-84-I. Un élément sur le fond et un sur la forme. Tout d'abord, sur la forme, il s'agit du principe du plaider-coupable. Puis, sur le fond il s'agit de l'implication de la radio des mille Collines (RTLM), comme ayant permis une structuration des massacres, à travers un appel à la haine, ainsi qu'une organisation en milices.

Le premier point, sur la forme, la procédure internationale pénale peut-on dire, le plaider-coupable est employé en vue d'accélérer les procédures, sans pour autant permettre « d'effacer » certains faits. En effet, la difficulté est de trouver la juste mesure sur le plan temporel entre une justice qui permet de garder une « mémoire courte » avec les témoignages de victimes, avec les preuves physiques, qui risquent de disparaître si trop de temps s'écoule après les faits, et un temps judiciaire suffisamment long pour permettre de faire la lumière sur la totalité des faits, des implications de chaque individu avec une défense appropriée, afin d'obtenir un jugement qui ne puisse être remis en question par un travail qui aurait pu être bâclé. Le plaider-coupable permet d'accélérer la procédure, en cela que les faits sont reconnus par l'individu, en échange d'une limitation des charges, tout en reconnaissant, dans le jugement, la totalité des faits exprimés.

« The ICTY and the ICTR each began its institutional life with a defendant who pled guilty, and the tribunal's subsequent practice of plea bargaining has also followed a roughly similar path. Both tribunals obtained ther early guilty pleas without the promise of sentencing concessions and under somewhat idiosyncratic circumstances. However, because both tribunals have labored of late under intense Security Council pressure to complet their work, they have begun to useplea bargaining in a deliberate and systematic way to encourage defendants to plead guilty. As Chapter 4 recounts, the ICTY has had considerable success in this endeavor, disposing if the cases of nineteen defendants by means of guilty pleas. The ICTR was slower to get started. During its first nine years of operation, it received only three guilty pleas. However, during the eighteen months between December 2004 and May 2006, ICTR prosecutors persuaded three more defendants to plead guilty and persuaded two high-level offenders to provide incriminating evidence against their former complices. »[194].

En conclusion, compte tenu des circonstances aggravantes, des circonstances atténuantes, du temps déjà passé en détention, voici la peine prononcée par le tribunal :
« Par ces motifs, après avoir examiné les éléments de preuve et les arguments présentés par les parties, la CHAMBRE CONDAMNE Joseph Serugendo à une peine unique de SIX ANS D'EMPRISONNEMENT ;
ORDONNE au Greffe de veiller a ce que Joseph Serugendo continue de recevoir des soins médicaux appropriés, notamment de le faire hospitaliser aussi longtemps que nécessaire. En application de l'article 101 D) du Règlement, le temps que Serugendo a déjà passé en détention sera déduit de la durée de sa peine. D'après les calculs de la Chambre, ce temps est de 270 jours. »[195].

Quel a été le rôle du plaider-coupable dans le prononcé de la peine ? Il est fait mention de la reconnaissance du plaider-coupable comme circonstance atténuante, mais c'est essentiellement la coopération de Serugendo qui est une circonstance atténuante de la peine. Le seul plaider-coupable, sans coopération n'aurait pas permis une prise en compte majeure. Le jugement mentionne : «91. Malgré la gravité des

---

194 COMBS Nancy Amoury, 2007, *Guilty Pleas in International Criminal Law,* Stanford University Press, Stanford, USA, p91.

195 ICTR-2005-84-I, p26.

crimes commis par l'accusé et sa fonction officielle, la Chambre estime qu'il convient de réduire sensiblement sa peine, compte tenu de sa reconnaissance de culpabilité assortie de remords publiquement exprimés et de la coopération substantielle qu'il a fournie au Procureur. Sa situation familiale, la bonne moralité qu'il avait avant les faits incriminés, le fait que son casier judiciaire est vierge et son âge sont aussi des circonstances atténuantes, mais revêtent une importance beaucoup plus faible.
92. En revanche, la Chambre juge que le mauvais état de santé de Serugendo, ainsi que la diminution de son espérance de vie et la détérioration de la qualité de vie qui en résultent constituent des circonstances atténuantes importantes.
93. Elle relève que l'accord de reconnaissance de culpabilité assorti de la recommandation formulée au sujet de la peine a été déposé par les deux parties et que le Procureur a recommandé par la suite une fourchette de peines plus faible, compte tenu de la coopération substantielle fournie par Serugendo. La Chambre n'est pas tenue de se conformer à cette recommandation, mais celle-ci l'aide à décider du quantum de la peine à retenir. Elle conclut que l'accusé doit être condamné à la peine la plus douce prévue dans la fourchette recommandée. ».

Néanmoins, cette technique du plaider-coupable ne permet pas à la justice de procéder à un nombre de jugements supplémentaires significatifs. En vue de permettre de terminer ses travaux, le Conseil de Sécurité de l'ONU va mettre en place une stratégie d'achèvement puis un Mécanisme.

3.8 Stratégie d'achèvement du TPIR et Mécanisme

Dès 2003, l'ONU dans la résolution 1503 préconise d'achever les travaux du TPIR pour 2010. « 7. *Calls* on the ICTY and the ICTR to take all possible measures to complete investigations by the end of 2004, to complete all trial activities at first instance by the end of 2008, and to complete all work in 2010 (the Completion Strategies). »[196] Cet objectif sera revu systématiquement dans les rapports du président du TPIR

---

196 S/RES/1503 (2003).

adressés à l'ONU, mais aussi dans les différentes résolutions de l'ONU comme en 2004, dans la résolution 1534 où l'Organisation des Nations-Unies: « 3. *Souligne* qu'il importe que les stratégies d'achèvement des travaux soient menées à bien comme indiqué au paragraphe 7 de la résolution 1503 (2003), où il demande aux deux Tribunaux de prendre toutes mesures en leur pouvoir pour mener à bien les enquêtes d'ici à la fin de 2004, achever tous les procès en première instance d'ici à la fin de 2008 et terminer leurs travaux en 2010, et prie instamment chaque Tribunal de planifier et mener ses activités en conséquence. »[197] Ainsi, chaque année, un rapport détaillé des affaires en cours, des affaires jugées et des affaires en appel est fourni à l'ONU.

Mais, nous l'avons vu, les contraintes qui pèsent sur le TPIR sont importantes, qu'en est-il alors en 2010 ?

La résolution 1932 de 2010 de l'ONU préconise de terminer rapidement les travaux du TPIR :

« Résolution 1932 (2010)
Adoptée par le Conseil de sécurité à sa 6349e séance,
le 29 juin 2010
Le Conseil de sécurité,
Prenant note de la lettre que le Secrétaire général a adressée à son président en date du 2 juin 2010 (S/2010/289) à laquelle était jointe une lettre du Président du Tribunal pour le Rwanda (« le Tribunal») datée du 25 mai 2010,
Rappelant ses résolutions 955 (1994) du 8 novembre 1994, 1165 (1998) du 30 avril 1998, 1329 (2000) du 30 novembre 2000, 1411 (2002) du 17 mai 2002, 1431 (2002) du 14 août 2002, 1717 (2006) du 13 octobre 2006, 1824 (2008) du 18 juillet 2008, 1855 (2008) du 19 décembre 2008, 1878 (2009) du 7 juillet 2009 et 1901 (2009) du 16 décembre 2009,
Rappelant en particulier ses résolutions 1503 (2003) du 28 août 2003 et 1534 (2004) du 26 mars 2004, dans lesquelles il a demandé au Tribunal de prendre toutes mesures en son pouvoir pour mener à bien les enquêtes avant la fin de 2004, achever

197 S/RES/1534 (2004).

tous les procès en première instance à la fin de 2008 au plus tard et terminer ses travaux en 2010,

Prenant note du bilan que le Tribunal a dressé dans son rapport sur la stratégie d'achèvement des travaux (S/2010/259), selon lequel il ne sera pas en mesure d'achever tous ses travaux en 2010, ainsi que des obstacles auxquels se heurte le Tribunal, et *se déclarant* préoccupé à cet égard,

Notant les préoccupations exprimées par le Président du Tribunal au sujet de la perte de personnel expérimenté, et *affirmant* que la rétention du personnel est essentielle pour que le Tribunal achève ses travaux dans les délais,

Rappelant qu'il a souligné, dans sa résolution 1901 (2009), son intention de proroger le 30 juin 2010 au plus tard le mandat de tous les juges de première instance du Tribunal sur la base des projections concernant l'audiencement des affaires, ainsi que le mandat de tous les juges d'appel jusqu'au 31 décembre 2012, ou jusqu'à l'achèvement de tous les procès dont ils sont saisis, si celui-ci intervient à une date antérieure, et prié le Président du Tribunal de lui soumettre un calendrier actualisé des procès en première instance et en appel, en lui indiquant les juges pour lesquels il demanderait une prorogation de mandat ou une réaffectation à la Chambre d'appel,

Rappelant également que, conformément au paragraphe 3 de l'article 13 du Statut du Tribunal, modifié par la résolution 1878 (2009), le mandat de chaque juge réaffecté à la Chambre d'appel est le même que celui des juges de cette chambre,

Notant qu'un juge permanent et deux des juges *ad litem* siégeant actuellement au Tribunal cesseront leurs fonctions avant la fin de 2010 à l'achèvement des affaires dont ils sont respectivement saisis,

Prenant note du calendrier actualisé des procès en première instance et en appel présenté par le Président du Tribunal,

Notant que le Président du Tribunal lui a présenté un rapport du Procureur sur l'absence de coopération du Kenya dans l'affaire *Félicien Kabuga*, ainsi que la déclaration faite par le Kenya, qui s'est engagé à coopérer, au cours d'une séance du Conseil de sécurité le 18 juin 2010,

Agissant en vertu du Chapitre VII de la Charte des Nations Unies,

1. *Réaffirme* la nécessité de juger les personnes inculpées par le Tribunal et exhorte de nouveau tous les États, en particulier les États de la région des Grands Lacs, à intensifier la coopération avec le Tribunal et à lui fournir toute l'assistance nécessaire et *demande* en particulier aux États concernés à redoubler d'efforts pour traduire en justice Félicien Kabuga, Augustin Bizimana, Protais Mpiranya et tous les autres accusés, mis en examen par le Tribunal ;
2. *Note* qu'il importe que le Tribunal soit doté des effectifs qui lui permettront d'achever rapidement ses travaux et *demande* au Secrétariat et aux autres organes compétents des Nations Unies de continuer de collaborer avec le Greffier du Tribunal afin de trouver des solutions pratiques pour remédier à ce problème à présent que le Tribunal est sur le point d'achever ses travaux, et *demande* parallèlement au Tribunal de redoubler d'efforts pour se concentrer sur ses fonctions de base ;
3. *Décide* de proroger jusqu'au 31 décembre 2012, ou jusqu'à l'achèvement de toutes les affaires dont ils sont saisis, si celui-ci intervient à une date antérieure, le mandat des juges permanents du Tribunal siégeant à la Chambre d'appel dont le nom figure ci-après:
– Mehmet Güney (Turquie)
– Andrésia Vaz (Sénégal) ;
4. *Décide* de proroger jusqu'au 31 décembre 2011, ou jusqu'à l'achèvement des affaires dont ils sont saisis, si celui-ci intervient à une date antérieure, le mandat des juges permanents du Tribunal siégeant à la Chambre de première instance, dont le nom figure ci-après :
– Charles Michael Dennis Byron (Saint-Kitts-et-Nevis)
– Khalida Rachid Khan (Pakistan)
– Arlette Ramaroson (Madagascar)
– William H. Sekule (République-Unie de Tanzanie)
– Bakhtiyar Tuzmukhamedov (Fédération de Russie) ;
5. *Décide* de proroger jusqu'au 31 décembre 2011, ou jusqu'à l'achèvement des affaires dont ils sont saisis, si celui-ci intervient à une date antérieure, le mandat des juges *ad litem* du Tribunal siégeant à la Chambre de première instance, dont le nom figure ci-après :
– Aydin Sefa Akay (Turquie)

– Florence Rita Arrey (Cameroun)
– Solomy Balungi Bossa (Ouganda)
– Vagn Joensen (Danemark)
– Gberdao Gustave Kam (Burkina Faso)
– Lee Gacugia Muthoga (Kenya)
– Seon Ki Park (République de Corée)
– Mparany Mamy Richard Rajohnson (Madagascar)
– Emile Francis Short (Ghana) ;

6. *Décide* de modifier l'article 12 *ter* du Statut du Tribunal comme il est indiqué dans l'annexe à la présente résolution;

7. *Prie instamment* le Tribunal d'achever rapidement ses travaux ;

8. *Décide* de rester saisi de la question. »[198].

Mais, afin de poursuivre les travaux du TPIR, et notamment les individus en fuite, il est institué un « Mécanisme ». La résolution 1966 de 2010 de l'ONU précise le Mécanisme.

Elle mentionne : « Statut du Mécanisme international chargé d'exercer les fonctions résiduelles des Tribunaux pénaux

Préambule

Créé par le Conseil de sécurité agissant en vertu du Chapitre VII de la Charte des Nations Unies pour exercer les fonctions résiduelles du Tribunal international chargé de juger les personnes accusées de violations graves du droit international humanitaire commises sur le territoire de l'ex-Yougoslavie depuis 1991 (ci-après dénommé « le TPIY ») et du Tribunal international chargé de juger les personnes accusées d'actes de génocide ou d'autres violations graves du droit international humanitaire commis sur le territoire du Rwanda et les citoyens rwandais accusés de tels actes ou violations commis sur le territoire d'États voisins entre le 1er janvier et le 31 décembre 1994 (ci-après dénommé « le TPIR »), le Mécanisme international chargé d'exercer les fonctions résiduelles des Tribunaux pénaux (ci-après dénommé « le Mécanisme ») est régi par les dispositions du présent Statut.

198 S/RES/1932 (2010).

Article premier

Compétence du Mécanisme

1. Le Mécanisme succède au TPIY et au TPIR dans leur compétence matérielle, territoriale, temporelle et personnelle, telle que définie aux articles premier à 8 du Statut du TPIY et aux articles premier à 7 du Statut du TPIR1, et dans leurs droits et leurs obligations, sous réserve des dispositions du présent Statut.

2. Le Mécanisme est habilité à juger, conformément aux dispositions du présent Statut, les personnes mises en accusation par le TPIY ou le TPIR qui font partie des plus hauts dirigeants soupçonnés de porter la responsabilité la plus lourde des crimes visés au paragraphe 1 du présent article, compte tenu de la gravité des crimes reprochés et de la position hiérarchique de l'accusé.

3. Le Mécanisme est habilité à juger, conformément aux dispositions du présent Statut, les personnes mises en accusation par le TPIY ou le TPIR qui ne font pas partie des plus hauts dirigeants visés au paragraphe 2 du présent article, étant entendu qu'il ne les jugera, conformément aux dispositions du présent Statut, qu'après avoir épuisé toutes solutions raisonnables pour renvoyer l'affaire comme l'envisage l'article 6 du présent Statut.

4. Le Mécanisme est habilité à juger, conformément aux dispositions du présent Statut :

a) Quiconque entrave ou a entravé sciemment et délibérément l'administration de la justice par le Mécanisme ou les Tribunaux, et à le déclarer coupable d'outrage; et

b) Quiconque fait ou a fait sciemment et délibérément un faux témoignage devant le Mécanisme ou les Tribunaux.

Avant de juger ces personnes, le Mécanisme envisage de renvoyer l'affaire aux autorités d'un État conformément à l'article 6 du présent Statut, selon ce que commandent l'intérêt de la justice et l'opportunité.

5. Le Mécanisme n'est pas habilité à délivrer de nouveaux actes d'accusation contre des personnes autres que celles visées par le présent article.

Article 2
Fonctions du Mécanisme
Le Mécanisme succède au TPIY et au TPIR dans leurs fonctions, telles qu'elles sont définies dans le présent Statut (« fonctions résiduelles »), pendant sa période d'activité.
Article 3
Structure et sièges du Mécanisme
Le Mécanisme comprend deux divisions, l'une exerçant les fonctions du TPIY,
l'autre celles du TPIR. La première a son siège à La Haye ; la seconde à Arusha. »[199].

Face à la Stratégie d'achèvement et à la mise en place du Mécanisme, voici ce que mentionne le rapport 2011 (lettre du 12 mai 2011, S/2011/317) : « Le présent rapport, dans la foulée de ceux qui avant lui ont été adressés au Conseil de sécurité en application de la résolution 1534 (2004), donne un aperçu des progrès accomplis à ce jour par le Tribunal dans la mise en œuvre de la Stratégie d'achèvement de ses travaux qui fait l'objet d'une actualisation et d'aménagements constants depuis 2003.
Au 12 mai 2011, le Tribunal a conduit à terme les procès intentés en première instance contre 62 des 92 personnes mises en accusation devant lui. Il a ainsi rendu 47 jugements concernant 56 accusés dont 9 avaient plaidé coupable; cela comprend également deux accusés dont les procédures ont été renvoyées devant des juridictions nationales, deux actes d'accusation retirés et deux personnes mises en accusation décédées avant ou au cours de leur procès. La procédure d'appel a pris fin relativement à 35 personnes. Dix fugitifs courent toujours. »[200].

La conclusion du Président Dennis Byron est très intéressante, le Président souligne :
«81. Le Tribunal reste résolu à mener à leur terme la grande majorité des activités liées aux procès en instance avant la fin

199 S/RES/1966 (2010).
200 S/2011/317.

de 2011, une infime partie devant être achevée au cours du premier semestre de 2012 et les appels en 2014.

82. Comme prévu, la période sur laquelle porte le présent rapport s'est caractérisée par un accroissement de la charge de travail avec, notamment, la préparation des audiences prévues par l'article 71 *bis* du Règlement en vue de la conservation d'éléments de preuve, l'examen des demandes de renvoi formées en vertu de l'article 11 *bis* du Règlement et la planification de la transition vers le Mécanisme résiduel. Bien que cette augmentation de la charge de travail ne se soit pas accompagnée d'une augmentation des ressources, nombre de prévisions visées dans le dernier rapport sur la Stratégie d'achèvement des travaux du Tribunal ont été respectées. Les efforts de rétention du personnel ont certes eu quelque succès au cours de la période considérée, mais il convient de souligner la nécessité pour le Tribunal de maintenir les effectifs actuels, en particulier dans les Chambres et au Bureau du Procureur. Cela est crucial afin de permettre l'achèvement des activités restantes dans les délais. Aussi, le Tribunal prend acte de la résolution 1955 (2010) par laquelle le Conseil de sécurité invite le Secrétariat de l'ONU et d'autres organes pertinents à travailler avec le Greffier à la recherche de solutions pratiques aux questions de rétention du personnel, et rappelle qu'il importe de faire montre d'une grande diligence dans la recherche de ces solutions. Le Tribunal remercie le Conseil de sécurité pour ses efforts. Il tient également à remercier son personnel pour les efforts résolus dont il fait preuve dans des circonstances difficiles. Avant la fin de 2011, le Tribunal entend rendre son jugement en première instance dans quatre affaires concernant plusieurs accusés et deux autres concernant chacune un seul accusé, et statuer sur cinq recours formés contre des jugements. Sa charge de travail se trouvera davantage alourdie par les demandes formées en vertu de l'article 11 *bis* du Règlement, celles formées en vertu de l'article 71 *bis* du Règlement pour la conservation d'éléments de preuve et les affaires d'outrage.

83. De même que la jurisprudence des Tribunaux internationaux a établi un précédent dont s'inspirera la justice pénale internationale, il est à espérer que les efforts du Tribunal visant à réaliser les objectifs de sa Stratégie d'achèvement des travaux

pourront à l'avenir guider le processus de fermeture d'autres tribunaux. L'expérience acquise progressivement par le Tribunal lui a permis de réduire les retards et d'améliorer l'efficacité avec laquelle la Stratégie d'achèvement des travaux était mise en œuvre. Communiquer les enseignements tirés des efforts ainsi déployés à d'autres institutions qui se lanceraient dans un exercice semblable permettrait d'en réduire au minimum les difficultés et de continuer à appliquer les bonnes pratiques en la matière.
84. Le Tribunal mène depuis plus de 17 ans des activités ayant un rapport direct avec le génocide rwandais. Celui-ci a grandement marqué tous ceux qui y travaillent et chercher à obtenir justice pour les victimes continue d'aviver leur détermination à œuvrer pour que plus jamais de telles atrocités ne se produisent. Alors que le mandat du Tribunal tire à sa fin, il reste à espérer que l'œuvre du Tribunal montrera la voie dans la poursuite de la lutte contre l'impunité. »[201].

Malgré les contraintes lourdes qui pèsent sur le TPIR, les jugements ont pu être rendus, les fugitifs, par le biais du Mécanisme mis en place, resteront poursuivis. La Stratégie d'achèvement et la mise en place du Mécanisme représentent, en quelque sorte, le passage du temps judiciaire à un temps « historique ». Les témoignages qui ont pu être recueillis, les éléments de preuve physique des massacres, vont, en effet, disparaître. Seuls, les lieux de commémoration, et surtout, les travaux effectués depuis la création du Tribunal pénal international pour le Rwanda, vont permettre de garder une mémoire, celle de l'humanité, que nous avons mentionnée, comme but de l'extension de la théorie de la reconnaissance mise en exergue. Il s'agit aussi de poursuivre une justice, face à la notion d'imprescriptibilité du crime de génocide et des crimes contre l'humanité. Le droit international pénal et la justice internationale restent de jeunes créations du vingtième siècle. Les travaux du TPIR rentrent dans le cadre de l'évolution de la discipline du droit international pénal et dans les fondements d'une justice internationale. La question d'une justice valable

201 S/2011/317.

pour l'humanité reste néanmoins posée. En effet, peut-on mondialiser, globaliser la justice, est-il possible de la faire pour tout type de droits, les seuls crimes contre l'humanité et le génocide sont-ils « universalisables »? De par l'ampleur des crimes, qui entrent en compte dans la définition du génocide, il s'agit bien sûr, nous l'avons indiqué, d'un crime tout à fait singulier. Le « crime sans nom », est peut-être la clé d'une justice internationale, car nier le génocide n'est pas s'opposer en terme de droit, mais s'opposer à la réalité, à l'humanité, il s'agit de négationnisme. Il ressort de cette étude sur les travaux qui se poursuivront dans le domaine de la justice internationale et sur le génocide en particulier, que les questions fondamentales restent éthiques et philosophiques. Nous allons revenir sur ce point, ainsi que sur l'extension de la théorie de la reconnaissance.

3.9 L'éthique et la philosophie

Le point de vue des éthiciens et des philosophes suite aux jurisprudences et aux travaux du TPIR est un élément important pour l'extension de la théorie de la reconnaissance, dans l'exemple du génocide rwandais. La notion d'humanité qui se retrouve dans les « crimes contre l'humanité », et dans l'extension de la théorie d'Axel Honneth que nous proposons est une notion qui est historique , qui n'est pas sans laisser un nombre important d'interrogations. Jean-Pierre Changeux et Anne Fagot-Largeault énumèrent les difficultés d'un point de vue éthique. « La notion de valeur commune de l'humanité - d'universalisme en éthique – a longtemps été liée à des thèses philosophiques selon lesquelles la loi morale universelle est idéale, unique et d'origine divine. On sait à quels intégrismes et à quelles violences cette position peut conduire. À l'opposé, les éthiques humanistes et laïques proposent depuis Aristote que les morales constituent des stratégies d'optimisation du bien-être de l'humanité, des tentatives de mise en harmonie des relations entre êtres humains au sein du groupe social. Une conséquence majeure de cette attitude a été, et est encore, celle du relativisme éthique, de l'individualisme sans limites : la diversité des morales accompagnerait la diversité des cultures comme celle des individus. Au mieux, on pourrait concevoir une morale de la neutralité, de la tolérance, de la non-ingérence. La position que je voudrais défendre diffère de ces deux positions. Elle se résume comme suit : premièrement, il est possible, selon moi, de concevoir une théorie des normes morales qui soit à la fois séculaire, universaliste et cependant ouverte et en constant mouvement. Deuxièmement, il existe des moyens pratiques d'élaborer ces normes et de les inscrire, le moment venu, dans le droit au niveau international. »[202]. Face à ce syncrétisme, Anne Fagot-Largeault se pose aussi la question d'un universalisme juridique : « Je disais tout à l'heure que Jean-Pierre Changeux me conseillait de prendre un peu partout. Donc essayons la voie d'un syncrétisme moral. Prendre la voie d'un syncrétisme moral, c'est dire que nous devons construire une morale avec à la fois des morceaux de procédures rationnelles et des bribes de notions du bien dont nous pensons qu'elles sont assez séduisantes pour être universalisées ou universalisables. C'est mélanger l'eau et le feu du point de vue de la démarche philosophique, mais je pense que c'est une espèce de défi de voir dans quelle mesure, en pratique, dans des institutions internationales qui existent déjà, on peut à la fois avoir un respect de la procédure et un respect de la démarche rationnelle des sujets autonomes, et aussi une idée du bien qui ait un contenu assez substantiel et un attrait assez consensuel pour que, au nom de cette idée, on puisse faire des reproches à des personnes ou à des États qui n'en avaient pas tenu compte. »[203].

Nous l'avons vu, le TPIR est issu d'une approche juridique nouvelle Le système international mis en place, vu les résultats annuels présentés par le président du Tribunal, est une première étape d'une justice internationale qui a réussi. En effet, nous pouvons, d'un point de vue historique, philosophique et juridique, parler de réussite, quant aux questions qui sont mises

---

202 CHANGEUX Jean-Pierre, 2002, Le point de vue éthique, In : CASSESE Antonio, DELMAS-MARTY Mireille, sous la direction de, 2002, *Crimes internationaux et juridictions internationales,* PUF, Paris, p79.

203 FAGOT-LARGEAULT Anne, 2002, Sur quoi fonder philosophiquement un universalisme juridique ?, 2002, *Crimes internationaux et juridictions internationales,* PUF, Paris, p90.

en exergue suite la création du TPIR et suite aux jugements rendus. La complexité de la problématique est telle, qu'il n'est pas possible, en quelques décennies de présenter un projet juridique abouti. Les changements opérés depuis la Shoah au sein de la communauté internationale, ont été importants, la réflexion doit être alors continue et pérenne depuis la volonté de création d'une justice internationale pour les crimes comme le génocide, et ce, jusqu'à aujourd'hui. Mais, le TPIR a permis, grâce aux jugements comme le cas Akayesu, d'appréhender une émergence d'une vision de la communauté internationale en regard du crime de génocide. De plus, les témoignages et jugements rendus, s'ils se poursuivront après l'achèvement du TPIR, constituent une source importante de preuves du génocide, et vont permettre l'entrée dans le temps historique du printemps 1994 au Rwanda. Justice et Histoire sont étroitement liées pour lutter contre l'oubli et pour la mémoire de l'Humanité. Enfin, nous sommes tout à fait dans le cadre philosophique que nous avons établi d'une extension de la théorie de la reconnaissance, en étudiant le crime de génocide. Les questions éthiques surgissent néanmoins : la justice internationale peut-elle exister ? Peut-il exister un cadre normatif moral universel ?
L'existence du crime de génocide, bien que très récent, laisse penser que oui, un cadre normatif moral universel est possible : qui, aujourd'hui peut refuser de considérer l'existence du crime de génocide et la vision paroxystique d'horreur qu'il impose ? Aucun État, ce jour, n'a remis en question l'existence de ce crime. Le génocide est explicitement admis par la communauté internationale comme un crime touchant à l'essence même de l'Homme. Depuis la Shoah, cette vision est pérennisée. Or, nous avons vu qu'elle a émergé d'un cadre juridique, donc normatif. La question des règles communes est ainsi posée. Or, les droits internes aux États sont différents. S'il n'est pas envisageable d'harmoniser les droits internes, la justice internationale peut se développer elle-même. La singularité du crime de génocide, s'il nécessite un cadre philosophique spécifique, comme nous l'avons montré dans notre théorie de la reconnaissance, nécessite, semble-t-il, un cadre juridique spécifique aussi. Il s'agit de produire un droit nouveau, comme le fait le TPIR. La nouveauté doit-elle donc provenir d'un syncrétisme ? Il est, en

effet, toujours plus facile de créer en utilisant des éléments préexistants. C'est au fond, la vision de Jean-Pierre Changeux, et, en fait celle d'Anne Fagot-Largeault.

Conclusion

La reconnaissance reste une notion qui n'a pas été clairement définie dans les différentes philosophies tentant de l'aborder. Voyons par exemple dans l'ouvrage *Cahiers pour une morale*, publié après la mort de Sartre : la reconnaissance est mentionnée, mais aucune définition n'en est donnée. « Il faut donc une reconnaissance objective. C'est l'Universel réel ou étatique qui d'ailleurs me reconnaît en acte, juridiquement. Succédané évident de Dieu. Mais d'abord il est intérieur à l'humanité et à l'Histoire. En lui et par lui l'humanité se reconnaît elle-même. Cela change peut-être pratiquement (bonheur) ; cela ne change rien au cercle théorique. C'est ce que reconnaît Kojève lorsqu'il dit que l'homme crée l'universel étatique. Mais surtout s'il est vrai que l'homme veut être reconnu par tous dans sa particularité (ce qui est d'ailleurs difficilement compatible avec l'autre assertion selon laquelle il se nie dans sa particularité pour se concevoir et se manifester dans l'universalité humaine), il va de soi que l'État universel ne peut le satisfaire. »[204]. Si le texte de Sartre reprend les notions que nous avons évoquées en lien avec la reconnaissance (l'humanité, la justice, l'universel, l'Histoire), il ne définit pas pour autant la reconnaissance.

La définition que nous avons donnée est la suivante : processus perpétuel de l'interprétation des faits. Processus, car il s'agit d'un « acte » par autrui, qui va se poursuivre dans le temps, « perpétuel », car nous passons du temps juridique au temps historique, c'est-à-dire la lutte contre l'oubli et l'inscription dans la mémoire de l'Humanité, il n'y a donc pas de limite temporelle. «L'interprétation des faits » constitue le fondement de l'acte du processus. L'institution juridique dans un premier temps va permettre cette interprétation, puis les historiens, et toute personne souhaitant analyser le génocide va entretenir le processus. Interprétation car il sera difficile de connaître objectivement la totalité des faits ayant eu lieu : chaque enquête, judiciaire ou historique, apporte des éléments

204 SARTRE Jean-Paul, 1983, *Cahiers pour une morale,* Gallimard, NRF, Paris, p. 77.

nouveaux pour identifier les événements qui ont eu lieu au printemps 1994, et ce, jusqu'à la construction actuelle du Rwanda.

Pour permettre cette reconnaissance, la théorie de Honneth n'est pas suffisante. Fondée principalement sur la justice sociale, cette théorie en trois niveaux ne peut intégrer un quatrième niveau comprenant la reconnaissance du génocide. La justice internationale qui doit juger le crime de génocide, reste une singularité majeure, qui néanmoins, englobe les trois niveaux de Honneth.

Dans ce cadre, les travaux du TPIR restent effectivement, nous le pensons, un élément historique à part entière ; ces travaux permettent un passage de témoin, du premier temps de la justice au temps historique. Le TPIR, par ses jugements, prouve que des fondements d'une « morale » internationale, ou tout au moins d'un cadre normatif international sont possibles pour juger des crimes contre l'humanité, et le génocide en particulier. Les témoignages et jugements effectués fondent un corpus de textes qui pourra entrer dans la mémoire collective de l'Humanité.

Plus que la question d'une morale, d'un cadre normatif international permettant d'engendrer le processus perpétuel de l'interprétation des faits, la question de l'après-génocide reste posée. En effet, la reconnaissance, si elle est une lutte contre l'oubli, permet-elle la reconstruction ?

Cette question est difficile. Le génocide de 1994 est complexe par la violence qui a été propagée, par l'ensemble des hommes et femmes ayant eux-mêmes participé au génocide, et la reconstruction, qui peut peut-être se faire par rapport à la notion de pardon, reste néanmoins problématique. Jean Hatzfeld nous propose des éléments éloquents quant aux difficultés de la reconstruction du Rwanda, quelques années après le génocide : « Plus loin, à perte de vue, les marais d'où s'élèvent volutes de vapeur, volées d'oiseaux et hurlements de talapoins. Ces marécages entourent les quatorze collines du district de Nyamata. Au nord et à l'est, les marais de Butamwa le long du Nyabarongon, à l'ouest les marais de Nyamwiza au bord de l'Akanyaru et au sud ceux de Murago sur les rives du lac Cyohoha. C'est dans ces marais que des dizaines de milliers de

Tutsis se sont réfugiés, lorsque les tueries commencèrent le 11 avril 1994. D'autres, aussi nombreux, grimpèrent dans des forêts au sommet des collines, notamment à Kayumba. *Dans le nu de la vie* et *Une saison de machettes* font le récit des tueries dans ces marais : ces étendues de papyrus et de fange peuplées de sitatungas, de sangliers ou de serpents ; l'existence des Tutsis qui passaient leurs journées accroupis ou allongés dans la vase sous les feuillages et leurs nuits à fouiller les champs abandonnés ; les expéditions des Hutus qui, du stade de football où ils se rassemblaient chaque matin, partaient en chantant, s'enfonçaient jusqu'aux genoux dans la boue, soulevant les branchages d'une main, de l'autre coupant leurs victimes, comme ils avaient toujours taillé des bananiers. Si je n'ai guère évoqué les tueries en forêt de Kayumba, ce n'est pas qu'elles soient moins extraordinaires ni moins propices à l'écriture. Le motif est plus simple. Dans les marais, des milliers de Tutsis survécurent aux massacres, des milliers de leurs voisins hutus y prirent part ; tous ces gens partagent aujourd'hui des souvenirs de cette tourmente, avec quoi ils doivent désormais vivre ensemble. »[205].

Hatzfeld va aussi interroger des personnes ayant pris part au génocide : « Joseph-Désiré Bitero n'est pas né mauvais et n'a pas grandi dans une atmosphère de haine, bien au contraire. Comme de nombreux grands tueurs de l'Histoire, il fut, à un moment de sa vie, cultivé, amical, bon père et bon collègue. Il fut d'abord un gamin gentil, un professeur joyeux, sans querelles avec ses voisins tutsis. Aucune trace de traumatisme dans son existence paisible à Gatare, un quartier calme de Nyamata, jusqu'à ce qu'un cousin bourgmestre l'engage dans le parti du président Habyarimana. S'ensuivit son ascension au sein du mouvement de jeunesse puis des milices *interahamwe*, à la tête desquelles il planifia trois mois à l'avance et dirigea pendant cinq semaines, les expéditions dans le district de Nyamata qui tuèrent plus de cinquante mille Tutsis sur une population de cinquante-neuf mille. »[206]. Il présente, comme

205 HATZFELD Jean, 2007, *La stratégie des antilopes,* Editions du Seuil, Paris, p. 43-44.

206 HATZFELD Jean, 2007, *op. cit.*, p. 113-114.

nous l'avons aussi indiqué, la planification et l'ampleur des massacres ayant eu lieu en 1994, mais l'enjeu de la reconstruction est difficile, le pardon peut-il suffire ? « Jeannette Ayinkamiye : « les autorités ont choisi de ne pas ajouter de souffrances aux prisonniers parce qu'ils n'y trouvent pas leur avantage, les curés aussi. Ça m'étonne, mais la vie ne me propose pas de choix. Seules les autorités peuvent me protéger. Moi, puisque je suis trop faible pour punir les fauteurs, j'ai opté pour le pardon. On obéit, on acquiesce de bon cœur. Sauf évidemment quand les peurs de la sécheresse ou de la maladie soufflent sur les souvenirs des tueries. »[207].

La réconciliation, par le pardon, semble impossible : ce n'est pas un choix délibéré, c'est une contrainte imposée par un pacte social, quelques années seulement après les tueries. Cela signifie qu'un temps beaucoup plus long uniquement pourrait peut-être permettre l'émergence d'un nouveau Rwanda uni. Voici un témoignage recueilli par Hatzfeld : « Innocent Rwililiza : « Se réconcilier avec les Hutus serait s'épouser, se donner des vaches, s'apprécier dans les conversations, on ne peut y songer. Ils ont quand même coupé à s'en casser les bras sans se poser aucune question. C'est bien cela le plus extraordinaire. Des questions comme : si je coupe autant, est-ce que je vais résoudre mon problème ? Est-ce que je ne vais pas manquer un jour des avoisinants que j'ai laissés dans les marigots, Si je tue de cette façon, est-ce que je ne vais pas être tué à mon tour, Non, vraiment, on ne peut s'habituer à ce qu'ils ne se soient pas posé de questions. Mais aller vers les Hutus est impératif. »[208].

Le processus perpétuel de l'interprétation des faits, vu les témoignages ci-dessus, est une définition de la reconnaissance mettant tout à fait en exergue la complexité de cette notion, tant sur les massacres eux-mêmes, que sur l'aspect temporel, la durée nécessaire pour re-connaître le génocide. Le processus de reconnaissance voit ici agir les trois niveaux d'Axel Honneth, issus de la philosophie hégélienne, mais la philosophie de la reconnaissance que nous définissons doit

207 HATZFELD Jean, 2007, *op. cit.*, p. 259.
208 HATZFELD Jean, 2007, *op. cit.*, p. 261.

permettre d'aller au-delà de la justice sociale, pour atteindre une justice internationale, c'est-à-dire un cadre normatif, en vue d'une morale, non fondée sur des préceptes religieux, qui permet la reconnaissance du génocide.
La finalité est la notion d'humanité. Sartre, même s'il ne définit pas la reconnaissance, entrevoit clairement le lien à l'Histoire d'une part et l'Humanité d'autre part. Le processus perpétuel de l'interprétation des faits tend vers cette notion d'humanité, qui est alors à redéfinir.

Dans cette tentative d'extension de la théorie de la reconnaissance, la méthode suivie est aussi importante à considérer. En effet, le premier élément de cette méthode est l'esprit critique. Nous l'avons vu lors de plusieurs passages, en particulier dans l'approche historique du Rwanda, revenir aux sources initiales, les interpréter sans les sur-interpréter, permet de se détacher des idées reçues, qui sont diffusées largement, sans réel fondement. L'esprit critique que nous avons essayé d'exercer, ne permet pas de façon systématique d'aboutir à un résultat (la reconnaissance est-elle utile à la reconstruction du Rwanda ?) cette question reste encore, à l'issue de notre exposé, une question sans réponse), mais il permet d'éviter les erreurs (qui peuvent néanmoins persister), en reconsidérant notamment l'histoire du pays, depuis ses origines supposées. Indiquer les sources réelles, les preuves que nous avons effectivement en notre possession, constitue les limites d'une étude et d'une approche théorique. Ces limites sont absolument nécessaires, pour comprendre l'intérêt d'une telle étude.

Le deuxième point à aborder dans la méthode employée est l'interdisciplinarité. Si le but de cette étude est clairement philosophique, la philosophie ne doit pas être pour autant détachée des autres disciplines. Le génocide rwandais est un sujet très complexe, qui, à notre avis, nécessite des approches multiples pour en saisir le fond et la forme. L'histoire nous a paru comme fondamentale pour redonner le contexte des massacres de 1994, la philosophie est le fil-guide du questionnement sur la reconnaissance et son rôle dans un crime aussi paroxystique que le génocide, l'approche juridique a été le catalyseur de l'approche philosophique. Mais durant nos trois différentes approches, nous avons aussi donné d'autres exemples dans des disciplines variées : la médecine, l'artisanat en sont des exemples.

La vision interdisciplinaire que nous proposons, l'utilisation voulue d'un esprit critique, sont les méthodes mises en avant dans notre étude pour aboutir d'une part à la définition de la reconnaissance comme processus perpétuel de l'interprétation des faits, et, d'autre part, à la notion d'humanité qui est la limite (atteignable ou non?) de la reconnaissance, en particulier dans le contexte du génocide rwandais. Le cadre théorique des travaux de Honneth permet d'aller au-delà de la justice sociale, pour tenter d'obtenir une justice internationale, ayant les capacités de juger un crime comme le crime de génocide. En donnant des exemples exhaustifs des travaux du Tribunal pénal international pour le Rwanda, nous tentons d'historiciser les jugements rendus. Cette historicisation est un moyen que nous défendons pour perpétuer le processus d'interprétation des faits, et ancrer le génocide dans la mémoire de l'humanité.

Le moteur essentiel est la lutte contre l'oubli. C'est un combat de tous les instants, et que tout être porte intrinsèquement en lui.

Bibliographie

ASCENCIO Hervé, DECAUX Emmanuel, PELLET Alain, sous la direction de, 2000, *Droit international pénal,* Editions A. Pedone, Paris, 1 vol.

ASCENCIO Hervé, 2004, Ethique et justice internationale, In : CANTO-SPERBER, sous la direction de, 2004, *Ethiques d'aujourd'hui,* PUF, Editions rue d'Ulm, ENS, Paris, 1 vol., p. 113-118

AUDARD Catherine, 2004, Normes internationales de justice et globalisation de l'éthique, In : CANTO-SPERBER, sous la direction de, 2004, *Ethiques d'aujourd'hui,* PUF, Editions rue d'Ulm, ENS, Paris, 1 vol., p. 119-140.

BEAUVOIR Simone de, 1963, *La force des choses,* NRF, Gallimard, Paris, 1 vol.

BOAS Frank,1986, *Anthropology and modern life*, Dover, New York, 1 vol.

BRAECKMANN Colette, 1994, *Rwanda histoire d'un génocide*, Fayard, Paris, 1 vol.

CANTO-SPERBER Monique, sous la direction de, 1996, *Dictionnaire d'éthique et de philosophie morale,* PUF, Paris, 1 vol.

CANTO-SPERBER Monique, 2001, *L'inquiétude morale et la vie humaine,* PUF, Paris, 1 vol.

CANTO-SPERBER Monique, sous la direction de, 2004, *Ethiques d'aujourd'hui,* PUF, Editions rue d'Ulm, ENS, Paris, 1 vol.

CASSESE Antonio, DELMAS-MARTY Mireille, sous la direction de, 2002, *Crimes internationaux et juridictions internationales,* PUF, Paris, 1 vol.

CHRETIEN Jean Pierre, 2003, *L'Afrique des grands lacs*, Flammarion, Paris, 1 vol.

COMBS Nancy Amoury, 2007, *Guilty Pleas in International Criminal Law,* Stanford University Press, Stanford, USA, 384 p.

CONTAT Michem, RYBALKA Michel, 1970, *Les écrits de Sartre,* Gallimard, NRF, Paris, 1 vol., lettre-préface de Jean-Paul Sartre.

COOREBYTER Vincent de, 2004, Phénoménologie, In : NOUDELMANN François et PHILIPPE Gilles, sous la direction de, 2004, *Dictionnaire Sartre,* Honoré Champion, Paris, 1 vol., p. 379-381.

CRYER R., 2008, *International Criminal Law and Procedure,* Cambridge University Press, New York, 1 vol.

DEDIJER Vladimir, sous la direction de, 1967, *Tribunal Russell, le jugement de Stockholm*, NRF, idées actuelles, Gallimard, Paris, volume 1.

DEDIJER Vladimir, sous la direction de, 1968, *Tribunal Russell, le jugement final*, NRF, idées actuelles, Gallimard, Paris, volume 2.

DELMAS-MARTY Mireille, 2009, *Le crime contre l'humanité,* PUF, Paris, 1 vol.

DEL PERUGIA Paul, 1993, *Les derniers rois mages*, Payot, Paris, 1 vol.

DERRIDA Jacques, 2005, *Pardonner : l'impardonnable et l'imprescriptible,* L'Herne, Paris, 1 vol.

FRAZER James George, 1998, *Le rameau d'or*, Robert Laffont, Paris, réédition, 1vol.

HATZFELD Jean, 2007, *La stratégie des antilopes,* Editions du Seuil, Paris, 1 vol.

HEGEL Friedrich, 1802, 1976, *Système de la vie éthique,* Payot, Paris, traduction et présentation par TAMINIAUX Jacques, 1 vol.

HEGEL Friedrich, 1821, 1999, *Principes de la philosophie du droit,* GF Flammarion, Paris, 1 vol., traduction et notes VIEILLARD-BARON Jean-Louis.

HEUSCH Luc de, 1964, Mythe et société féodale, le culte du kubandwa dans le Rwanda traditionnel, *Revue des sciences sociales des religions*, volume 18, numéro 1, p. 133-146.

HEUSCH Luc de,1982, *Rois nés d'un coeur de vache,* Gallimard, Paris, 1 vol.

HONNETH Axel, 1996, Reconnaissance, In : CANTO-SPERBER Monique, sous la direction de, *Dictionnaire d'éthique et de philosophie morale,* PUF, Paris, 1 vol., p. 1272-1278.

HONNETH Axel, 2008, *La lutte pour la reconnaissance,* Cerf, Paris, 1 vol., traduction RUSCH Pierre.

HONNETH Axel, 2010, *La lutte pour la reconnaissance,* Cerf, Paris, nouvelle édition, 1 vol., traduction RUSCH Pierre.

JANKELEVITCH Vladimir, 1986, *L'imprescriptible, Pardonner ?, Dans l'honneur et la dignité,* Editions du Seuil, Paris, 1 vol.

JANKELEVITCH Vladimir,1967, *Le Pardon,* Aubier, philosophie, Paris, 1 vol.

KAGAME Alexis, 1969, *Introduction aux grands genres lyriques de l'ancien Rwanda,* Editions universitaires du Rwanda, Butare, 1 vol.

KANIMBA MISAGO C., 2000, *Artisanat au Rwanda, La vannerie*, SEPIA, St-Maur, p. 24.

KILANI Mondher, 2009, *Anthropologie, du local au global,* Armand Colin, Paris, 1 vol.

KUNDERA Milan, 2009, *L'insoutenable légèreté de l'être*, Gallimard, Paris, 1 vol.

LAMOUCHI Noureddine, 1996, *Jean-Paul Sartre et le tiers monde, rhétorique d'un discours anticolonialiste,* L'Harmattan, Paris, 1 vol.

LAMOUCHI Noureddine, 2004, Colonialisme et néocolonialisme, In : NOUDELMANN François et PHILIPPE Gilles, sous la direction de, 2004, *Dictionnaire Sartre,* Honoré Champion, Paris, 1 vol., p. 93.

LEWIS J., KNIGHT J., 1996, *Rapport d'évaluation de la situation des Twa et pour la promotion des droits des Twa dans le Rwanda d'après-guerre,* IWGIA, 1 vol.

LUGAN Bernard, 1997, *Histoire du Rwanda*, Bartillat, 1 vol.

NOUDELMANN François et PHILIPPE Gilles, sous la direction de, 2004, *Dictionnaire Sartre,* Honoré Champion, Paris, 1 vol.

PATERNOSTRE DE LA MAIRIEU B., 1983, *Le Rwanda, son effort de développement,* De Boeck, Bruxelles, 1 vol.

PAUWELS P. M., 1955, *Les métiers et les objets du Rwanda,* Annali Lateranensi, vol. XIX.

RAWLS John, 2009 (1987), *Théorie de la justice,* Editions du Seuil, 1 vol.

RENAULT Emmanuel, 2004a (2000), *Mépris social, Ethique et politique de la reconnaissance,* Editions du Passant, Bègles, 1 vol.

RENAULT Emmanuel, 2004b, *L'expérience de l'injustice, reconnaissance et clinique de l'injustice,* Editions la Découverte, Paris, 1 vol.

RENAULT Emmanuel, 2008, *Souffrances sociales, sociologie, psychologie et politique,* Editions la Découverte, Paris, 1 vol.

RICOEUR Paul, 1997, *L'Idéologie et l'Utopie,* Seuil, Paris, 1 vol.

RICOEUR Paul, 2004, *Parcours de la reconnaissance, Trois études,* Editions Stock, Paris, 1 vol.

RUGAMBA C., 1983, *Contes du Rwanda*, Edicef, Paris, 1 vol.

RWANGABO P. C., 1993, *La médecine traditionnelle au Rwanda,* Karthala, Paris, 1 vol.

SARTRE Jean-Paul, 1964, *Situations, V, colonialisme et néo-colonialisme,* NRF, Gallimard, Paris, 1 vol.

SARTRE Jean-Paul, 1983, *Cahiers pour une morale,* NRF, Gallimard, Paris, 1 vol.

SARTRE Jean-Paul, 1985, *Critique de la raison dialectique, tome II, Intelligibilité de l'Histoire,* NRF, Gallimard, Paris 1 vol.

SAWADA Nao, 2004, Reconnaissance, In : NOUDELMANN François et PHILIPPE Gilles, sous la direction de, 2004, *Dictionnaire Sartre,* Honoré Champion, Paris, 1 vol., p. 416.

SCHABAS William A., 2009, *Genocide in international law, the crime of crimes,* Cambrige University Press, New York, second edition, 1 vol.

SEBASONI Servilien, 2000, *Les origines du Rwanda*, L'Harmattan, Paris, 1 vol.

TERNON Yves, 2009, *Rwanda 1994. Analyse d'un processus génocidaire,* in : Rwanda, quinze ans après, *Revue d'histoire de la Shoah*, n° 190, janvier/juin 2009, p. 26-27.

VANSINA Jan, 2001, *Le Rwanda ancien*, Karthala, Paris, 1 vol.

Table des matières

RWANDA

AUX ÉDITIONS L'HARMATTAN

Dernières parutions

STATISTIQUE(S) ET GÉNOCIDE AU RWANDA
La genèse d'un système de catégorisation «génocidaire»
Tesfaye Facil
L'auteur propose ici une approche originale et novatrice, qu'il appellera «démo-statistique», du génocide rwandais de 1994. Cela lui permet de clarifier les liens qui existent entre les statistiques coloniales et le génocide et, ainsi, de «discuter l'indiscutable». Il s'intéresse notamment aux recensements démographiques lors du processus de création d'identité ainsi que pendant des conflits d'ordre ethnique.
(Coll. Justice Internationale, 15.50 euros, 154 p.)
ISBN : 978-2-343-04676-1, ISBN EBOOK : 978-2-336-36052-2

OPÉRATION (L') DE PAIX DES NATIONS UNIES AU RWANDA
Bidoung Noël
Dans la soirée du 6 avril 1994, un missile sol-air frappe de plein fouet l'avion présidentiel rwandais : tous les occupants, dont les chefs d'État rwandais et burundais, périssent dans l'attentat. La confusion et le chaos qui suivent sont le point de départ du génocide des Tutsis et de l'assassinat d'innombrables Hutus modérés. Mais où donc était la communauté internationale ? Et jusqu'à quand a-t-on laissé des centaines de milliers de personnes se faire massacrer en toute impunité ?
(13.50 euros, 120 p.)
ISBN : 978-2-336-29942-6, ISBN EBOOK : 978-2-336-35709-6

RWANDA 1994-2014
L'Église et la société dans la tourmente face au génocide
(essai de sociothérapie)
Nshogoza François-Xavier
En 1994, le Rwanda a connu une crise sociale qui s'est soldée par le génocide des Tutsi. Huit cent mille personnes furent victimes de cette tragédie, en cent jours. Dans la recherche des causes, certains considèrent que l'Église du Rwanda a contribué à maintenir divisée la nation. Nous voulons aller au-delà du sens commun pour arriver à la réalité du phénomène social. Le génocide n'étant pas une crise ecclésiale mais sociale, la sociothérapie à proposer regarde la société rwandaise entière.
(Harmattan Italia, 33.35 euros, 300 p.)
ISBN : 978-2-336-30700-8, ISBN EBOOK : 978-2-336-35497-2

SETH SENDASHONGA 1951-1998
Un Rwandais pris entre deux feux
Sous la direction d'André Guichaoua
Préface de Stephen Smith
Ce livre honore la mémoire d'un Rwandais, Seth Sendashonga, qui s'est battu contre deux dictatures : celle qui a précédé et celle qui a suivi le génocide de 1994. Sa publication coïncide avec le quinzième anniversaire de son meurtre (le 16 mai 1998), mais prend date pour l'espoir que Sendashonga incarnait : celui d'un Rwanda où la vérité ne s'abîme plus dans le clivage hutu/tutsi.
(18.00 euros, 188 p.)
ISBN : 978-2-343-00861-5, ISBN EBOOK : 978-2-296-53663-0

RWANDA : UNE ÈRE NOUVELLE
Comprendre le travail de reconnaissance
Poreau Brice
En 2012, le Rwanda a connu de nombreux changements. Les mois de juin et juillet ont été riches en événements et en commémorations du génocide, comme la fin officielle des tribunaux locaux, les Gacaca. La réconciliation du pays a été proclamée. Est-ce pour autant réel sur le terrain ? Qu'en pensent les nouvelles générations ? Photographie instantanée de l'état du Rwanda en 2012, cet ouvrage pose la question du passé, mais aussi de l'avenir de ce pays magnifique de l'Afrique centrale.
(Coll. Etudes africaines, 12.00 euros, 104 p.)
ISBN : 978-2-296-99758-5, ISBN EBOOK : 978-2-296-51398-3

ONU (L') FACE AU GÉNOCIDE RWANDAIS
Le silence des machettes
Plauchut Agathe
Préface de Patrice Pourtal
En 1994, au coeur du génocide des Tutsi au Rwanda, l'opération de maintien de la paix illustra l'impuissance de la communauté internationale à faire face au crime du génocide. En adoptant une optique militaire et géostratégique pour appréhender le génocide rwandais, ce livre analyse de l'intérieur les limites et enjeux d'une mission de maintien de la paix dans une situation dramatique.
(Coll. Mondes en mouvement, 23.50 euros, 238 p.)
ISBN : 978-2-336-00577-5, ISBN EBOOK : 978-2-296-51136-1

CRISE RWANDAISE : ENJEUX ET PERSPECTIVES
Mendy Marcel
La crise rwandaise a projeté sous les phares de l'actualité africaine et mondiale une tragédie douloureuse. L'auteur s'intéresse aux événements survenus, mais en dissèque la trame événementielle pour mettre en scène le poids de l'histoire, la personnalité des acteurs, la question des réfugiés, la quête de la démocratie, les tentatives d'entente, l'étincelle qui mit le feu aux poudres, ses conséquences et la réaction de la communauté internationale.
(12.00 euros, 108 p.)
ISBN : 978-2-296-99519-2, ISBN EBOOK : 978-2-296-50322-9

MANUEL D'HISTOIRE POLITIQUE ET SOCIALE DU RWANDA CONTEMPORAIN (TOME 1)
Suivant le modèle Mgr Alexis Kagame
La révolution rwandaise et la Première République rwandaise
Mureme K. Bonaventure
Ce manuel relate et analyse les mobiles, les causes, les facteurs, les variables qualitatives explicatives, les effets induits directs et indirects et les conséquences de l'abolition de la noblesse séculaire tutsie en 1959 et du retour en force en 1994 de la noblesse tutsie moderne Abâkagâra. Ce volume traite de la révolution rwandaise, la Première République rwandaise et, *de facto*, l'évolution fatale du rapport des forces à la défaveur du premier et unique président de la Première République, Grégoire Kayibanda.
(Coll. Etudes africaines, 41.00 euros, 432 p.)
ISBN : 978-2-296-99314-3

MANUEL D'HISTOIRE POLITIQUE ET SOCIALE DU RWANDA CONTEMPORAIN (TOME 2)
Suivant le modèle Mgr Alexis Kagame
Du coup d'État militaire du 5 juillet 1973 au génocide
Mureme K. Bonaventure
Ce manuel étudie la partie contemporaine, à partir du 25 avril 1949, de la spirale de la violence rwandaise qui date du Ve siècle. Ce tome 2 analyse rigoureusement la tyrannie militaire sanguinaire de l'Akazu menée par Juvénal Habyalimana Rutemayeze, puis celle du Front patriotique rwandais (FPR).
(Coll. Etudes africaines, 45.00 euros, 872 p.)
ISBN : 978-2-296-99315-0

GÉNOCIDE (LE) RWANDAIS VU PAR *L'EXPRESS* ET *JEUNE AFRIQUE*
Mpereng Jerry
Préface de Georges Ngal
Ce travail consiste à revisiter le génocide rwandais à travers différents systèmes, modèles et «logiques d'interprétation» des journaux. C'est-à-dire une analyse comparative entre deux hebdomadaires, *L'Express* et *Jeune Afrique*, avec pour objectif de rechercher des catégories, des jugements, des discours, des commentaires rendant compte justement d'une manière spécifique d'interpréter l'événement.
(Coll. Pensée Africaine, 12.00 euros, 104 p.)
ISBN : 978-2-296-96719-9

L'HARMATTAN ITALIA
Via Degli Artisti 15; 10124 Torino
harmattan.italia@gmail.com

L'HARMATTAN HONGRIE
Könyvesbolt ; Kossuth L. u. 14-16
1053 Budapest

L'HARMATTAN KINSHASA
185, avenue Nyangwe
Commune de Lingwala
Kinshasa, R.D. Congo
(00243) 998697603 ou (00243) 999229662

L'HARMATTAN CONGO
67, av. E. P. Lumumba
Bât. – Congo Pharmacie (Bib. Nat.)
BP2874 Brazzaville
harmattan.congo@yahoo.fr

L'HARMATTAN GUINÉE
Almamya Rue KA 028, en face
du restaurant Le Cèdre
OKB agency BP 3470 Conakry
(00224) 657 20 85 08 / 664 28 91 96
harmattanguinee@yahoo.fr

L'HARMATTAN MALI
Rue 73, Porte 536, Niamakoro,
Cité Unicef, Bamako
Tél. 00 (223) 20205724 / +(223) 76378082
poudiougopaul@yahoo.fr
pp.harmattan@gmail.com

L'HARMATTAN CAMEROUN
BP 11486
Face à la SNI, immeuble Don Bosco
Yaoundé
(00237) 99 76 61 66
harmattancam@yahoo.fr

L'HARMATTAN CÔTE D'IVOIRE
Résidence Karl / cité des arts
Abidjan-Cocody 03 BP 1588 Abidjan 03
(00225) 05 77 87 31
etien_nda@yahoo.fr

L'HARMATTAN BURKINA
Penou Achille Some
Ouagadougou
(+226) 70 26 88 27

L'HARMATTAN SÉNÉGAL
10 VDN en face Mermoz, après le pont de Fann
BP 45034 Dakar Fann
33 825 98 58 / 33 860 9858
senharmattan@gmail.com / senlibraire@gmail.com
www.harmattansenegal.com

L'HARMATTAN BÉNIN
ISOR-BENIN
01 BP 359 COTONOU-RP
Quartier Gbèdjromèdé,
Rue Agbélenco, Lot 1247 I
Tél : 00 229 21 32 53 79
christian_dablaka123@yahoo.fr

Achevé d'imprimer par Corlet Numérique - 14110 Condé-sur-Noireau
N° d'Imprimeur : 127156 - Dépôt légal : mars 2016 - *Imprimé en France*

www.ingramcontent.com/pod-product-compliance
Lightning Source LLC
LaVergne TN
LVHW010928061026
849535LV00007B/2298